공짜 점심은 없다

경제학 거장들에게 배우는 시장 경제의 기본 원리

데이비드 L. 반센 지음

THERE'S NO

경제학 거장들에게 배우는 시장 경제의 기본 원리

공짜 점심은 없다

데이비드 L. 반센 지음 | **박경준** 옮김

FREE LUNCH

타임비즈
TIMEBIZ

일러두기

1. 이 책의 본문은 '을유1945' 서체를 사용했습니다.
2. 옮긴이 주는 괄호 안에 본문보다 작은 크기로 표기하였습니다.
3. 편집자 주는 본문에 *로 표시하고 각주 처리하였습니다.

'트리플 비 북 클럽'의 동반자로 15년을
보냈을 뿐 아니라 개인적으로도 30년 가까이 나의 친구가 되어준
에릭 발머와 에런 브래드퍼드에게 이 책을 바칩니다.
두 사람이 보여준 사랑은 이루 말할 수 없고, 제가 더 나은 사람이
되게 하는 원동력이었습니다. 이들에게 무한한 감사를 전하며,
두 사람이 자유 안에서 날마다 더 나아지기를, 우리 모두가 삶을
소중히 여기고 사랑할 수 있기를 바랍니다.

차례

서론

경제학을 배우고 가르치면서 마주하는 난관 중 하나는 '경제학의 정의'이다. 특정 주제와 학문의 세부 사항에 다양한 이견이 있는 경우는 많지만, 학문의 기본적 정의 자체에 이견이 있는 경우는 드물다. 나는 오늘날 만연한 경제 교육의 문제가 경제에 대한 정의에 결함이 있기 때문이라고 본다.

딜런 파만Dylan Pahman은 경제를 "교환을 통한 필요 충족을 위해 노동으로 새로운 것을 만드는 활동 기반"이라고 정의한다. 이는 경제학을 근본적으로 '인간 행동'에 대한 연구로 보았던 루트비히 폰 미제스Ludwig Von Mises의 위대한 공헌에 뿌리를 둔다. 파만은 인간의 행동을 경제학의 기초로 여기고, 인류학을 적용하여 교환이 인간의 행동 영역, 특히 경제 영역을 규정한다고 보았다.

이 책을 통해 경제학의 기본을 설명하고 싶은 것이 나의 바람이다. 여기서 경제학을 요즘 말하는 경제학, 즉 희소 자원 분포 최적화를 위한 일련의 지표나 공식이라고 본다면, 이 책은 수학책이나 과학책이 되어야 할 것이다. 하지만 이 책은 그렇지 않다. 경제학은 수학이나 과학과는 다르기 때문이다.

블라디미르 레닌Vladimir Lenin은 "읽기, 쓰기, 더하기, 빼기, 곱하기, 나누기를 할 수 있는 사람이라면 그 어떤 사업도 운영할 수 있다."고 말했다. 하지만 모든 사람이 '같은 일을 하고 같은 임금을 받기를' 원했던 그의 평등주의적 세계관에는 사업에 대한 이해, 성공에 대한 이해가 결여되어 있었다. 레닌은 기업의 '인간적인' 측면, 즉 '혁신과 창의성'을 보지 못했던 것이다.

조금 달리 표현한다면, 레닌(그리고 모든 사회주의, 마르크스주의, 집단주의자)은 인간이 신의 형상으로 창조되었다는 생각을 하지 못했다. 비즈니스는 인간의 창조성에서 시작되고, 그 창조성은 인간이 신의 형상을 품었다는 존재적 지위에서 나온다. 그렇기에 비즈니스는 기술만 가지고 기능을 상품화한다고 되는 일이 아니다. 당신이 이를 알지 못한다면 비즈니스를 제대로 해낼 수 없을 것이다. 마치 레닌처럼.

경제학의 넓은 연구 범위도 이와 관계가 있다. 인간에 대한 중요한 진실에서 출발한 현대의 전문 비즈니스 영역에서의 노력은 물론이고, 문명을 형성한 모든 것이 경제학에 포함된다. 언제나 그랬다. 그래서 나는 이 책을 통해 단순히 인간 행동의 맥락에서 현대의 쟁점을 다루는 것이 아니라 경제학의 전체적인 기반, 즉 지향점, 목적, 그리고 목표를 다루고자 한다.

첫 번째 장을 보면 알게 되겠지만, 내 경제학 연구의 목표는 인간의 번영이다. 나는 창조에 기반한 인류의 존엄성을 고려하지 않고, 시장을 세속적으로만 보아서는 우리가 진심으로 갈망하는 인간의 번영에 다가갈 수 없다고 믿는다. 우익이나 랜디안Randian (러시아 출신 미국 작가이자 철학자이며 자유 시장 경제를 강력하게 지지한 아인 랜드Ayn Rand의 사상에 기반을 두는 이들을 일컫는 말) 또는 좌익(집단주의자)을 시장에 관한 세속적 관점으로 볼 수 있을 텐데, 둘 다 인간의 존엄성에는 초점을 맞추지 않는다. 이 존엄성은 인간을 신의 형상을 지닌 존재라고 생각할 때 가장 잘 이해된다. 신은 창조자이고 혁신가이다. 그렇기에 그 형상을 지닌 인간이 창조적이고 혁신적일 수 있다. 우리가 경제학의 이런 한 면을 깊이 공부하지 않고 그냥 받아들인다면, 훨씬 잘못된 방향으로 흘러갈 수 있다.

나는 경제학의 주요 원리를 담고 있는 몇 가지 주제를 선택해 이를 설명하려 한다. 경제학을 공부하는 학생이 그 기본 원리도 모른 채 최저임금법을 고민하는 것을 원치 않기 때문이기도 하지만, 최저임금법을 이해하는 데 보탬이 될 것 없는 경제학 이론을 붙들고 있기를 바라지도 않기 때문이다.

우리가 수년간 경험한 빈약한 경제 정책은 정책 수립자가 경제학의 핵심 원칙을 믿지 못한 탓이 아니라, 자신이 믿는 경제학의 핵심 원칙을 일관되게 적용하지 못한 탓이다. 이는 매우 혼란스럽고 복잡하며, 우리의 기본 신념을 뒤흔드는 일이다. 그렇기에 나는 이 책에서 경제학의 기본 원리에 대한 신념을 확고히 하고, 이를 오늘날 산재한 문제에 적용할 수 있도록 돕는 역할을 하고자 한다.

이 책에서는 모호하거나 난해한 어휘 사용을 최대한 피했다. 어떤 표현, 예를 들어 '지식 문제knowledge problem'와 같은 표현은 어색해 보일 수 있다. 하지만 이 표현을 이해할 수 있도록 정의하고 설명하기 위해 노력했다. 그래서 '지식 문제'는 "시장 경제 체제에서 국가의 제한적 역할, 사회 조직의 기본적 원리에 대한 나의 견해를 기반으로, 어떻게 하면 사회 속에서 정보가 가장 잘 전달되고 이해되는지를 말하는 개념"이라고 설명했다. 이처럼 지나치게 복잡한 표현은 피하고 쉽게 풀어 쓰는 방식을 택했다.

책에 실린 인용구는 내가 경제학의 거장이라고 생각하는 이들의 말이다. 개인적으로 이들의 사상을 배우며 나의 경제학적 세계관을 구축할 수 있었다. 모두가 오랜 시간 경제 정책, 논쟁, 토론 등에서 풍부한 정보를 제공해온 '최고의' 경제학자들이지만, 내가 이들의 견해에 전부 동의하는 것은 아니다. 내가 인용하는 각각의 개인이 서로에게 동의한다고 할 수도 없다. 이 책에서는, 대중에게 널리 알려져 있지만 나는 동의하지 않는 개념을 주장하는 이들의 말은 (몇 개의 예외를 제외하고는) 소개하지 않았다. 내가 누군가에게 60~95퍼센트, 말하자면 상당 부분을 동의한다고 해도, 어떤 영역은 여전히 동의하지 못한 채로 남을 수 있다.

다만 확실히 말할 수 있는 것은, 책에 인용한 부분에 대해서는 내가 전적으로 동의한다는 점이다. 이 책의 부제를 '경제학에 관한 진실 250개'*라고 정한 이유는, 이 명제들이 대단히 신뢰할 수 있는 것이며, 내가 각 명제를 최대한 충실하게 설명하려 했기 때문이다.

책을 쓰고 있는 지금, 우리는 시장 경제에서의 자유와 정부의 역할이라는 기본적 문제로 큰 토론을 벌이고 있다. 주식 시장에서 개인의 수익률은 점점 하락세로 가고 있다. 계급 전쟁이 극에 달하면서 우익의 가치를 믿었던 이들조차 경제적 성취에 반감을 가지고 좌익 진영에 합류한다. 문화 전반에 퍼져 있는 빈곤 완화에 대한 물질주의적 시각은 실제로 빈곤을 완화하지도, 인류를 괴롭히는 문제를 해결하지도 못하고 있다.

나는 과세나 정부 규모 등의 문제를 단순히 계량경제학적으로 보는 것을 좋아하지 않는다. 국내총생산GDP은 일부 분석을 위한 자료로는 도움이 되지만, 이것이 경제 연구를 하는 목적은 아니다. 우리가 경제 성장에 관심을 갖는 이유는, 인간은 소중하며, 자유롭게 성장하고 번영할 때 활짝 피어나기 때문이다. 이 목표를 가장 효율적으로 달성하는 것이 나의 바람이고, 이를 방해하는 것이 있다면 그것은 내가 맞서야 할 대상이다. 정부 지출 증가가

---

* 이 책의 원제는 《There's No Free Lunch: 250 Economic Truths》이다.

미래의 경제 성장을 방해할 가능성이 있다면, 단순히 눈에 보이는 자료만 분석해서는 안 된다. 인간의 성장과 번영을 목표로 두고 이를 이해하고 분석해야 한다.

우리가 경제학을 다루면서 거리를 두어야 하는 두 가지 흐름이 있다. 하나는, 부족한 이들의 필요를 채우는 길은 더 큰 집단주의라고 말하는 기이한 움직임이다. 이는 헛되고 위험한 노력이다. 만에 하나 이것이 수용된다면 거대한 타격을 피할 수 없을 것이다. 또 다른 하나는 소위 지식인들이 경제를 말하는 일에 무관심하거나 안일한 태도를 보이는 것이다. 만약 경제학이 단순히 학문적이고 규격화된 수학과 다르지 않다면 무관심해도 괜찮다. 하지만 경제학은 인류의 행복이 걸린 문제이다. 따라서 경제학이 무엇을 위해 논쟁을 하는지 잊어버린다면 문명에 더 이상의 미래는 없다.

• 헨리 해즐릿

"시대는 용기와 더 많은 노동을 요구한다. 요구가 많아지는 이유는 이를 통해 얻는 보상이 크기 때문이다. 그 보상은 바로 인간의 자유가 있는 미래, 곧 문명의 미래이다."

풍요와 번영의 시기에는 적극적인 요구를 가능하게 했던 열정을 잃어버리기 쉽다. 시장 경제의 열매를 맛만 보면 됐지, 그 나무가 어떻게 자랐는지는 굳이 알 필요가 없기 때문이다.

"교환과 생산의 자유가 주는 혜택을 누리기 위해 경제학을 이해할 필요는 없다. 하지만 이 자유가 계속되기 위한 제도적 틀을 지탱하고 유지하기 위해서는 경제학을 알아야 한다."

오늘날 경제학을 둘러싼 논쟁은 나무의 열매를 위협하는 것이 아니라, 나무 자체를 위협하는 것이다. 인류 역사에 전례 없는 번영을 가능케 했던 구조를 유지하기 위해서는 경제학의 원칙을 살펴보고 이 원칙의 적용을 다시 확인할 필요가 있다. 하이에크의 말처럼, 이 논의에 참여하는 것은 위대한 모험인 동시에 도덕적 의무이기도 하다.

나는 이 책이 다시 기틀을 잡고, 확인하고, 돌아보고, 용기를 북돋는 역할을 하기 바란다. 이 책은 완벽하지 않다. 내가 완벽하기를 원했다고 해도 그럴 수 없었을 것이다. 각 주제는 더 많은 세분화와 더 자세한 연구, 더 많은 논쟁으로 여러분을 초대할 것이다. 나는 이 책에 담긴 250개의 말이 이러한 연구와 논쟁에 도움이 되리라 확신한다.

그리하여 다시, 인간의 번영에 기여하게 될 것이다.

1장

인간 번영

• 시어도어
루스벨트

"나는 값싼 안락함이 아닌 힘든 삶, 노력하고 투쟁하는 삶을 말하고 싶다. 쉬운 평화를 기대하는 이에게는 오지 않을 승리, 위험과 역경, 고통 앞에 움츠러들지 않는 이가 맛볼 성공 그 이상의 궁극적 승리를 말하고 싶다."

내가 만약 자유 기업 체제를 찬양하는 단 하나의 메시지만을 남겨야 한다면, 통화 정책이나 세율, 공급과 수요, 한계효용*에 대한 말은 하지 않을 것이다. 물론 모두 중요한 개념이고, 다른 개념과 함께 이 책에서 다루겠지만, 가장 중요한 것은 노력

---

*   일정한 종류의 재화가 잇따라 소비될 때 최후 한 단위의 재화로부터 얻어지는 심리적 만족도.

을 통해 얻은 성공이 인간의 번영을 이룬다는 사실이다. 여기서 나는 시장을 기반으로 한 경제 체제나 그것이 사회 체제에 전달하는 가치만을 성공으로 간주하는 것이 아니다. 자유와 역경, 그리고 그 역경을 정복할 자유가 주는 인간의 실존적 가치를 말하는 것이다.

• F.A. 하이에크

"자유에 대한 우리의 믿음은 특정 상황에서 예측 가능한 결과가 마련되어 있다는 데에서 오는 것이 아니다. 그것은 자유를 통해 우리가 좋은 것에 더욱 힘을 기울일 수 있을 거라는 신뢰에서 나온다."

자유롭고 도덕적인 사회는 인간의 번영을 목표로 하지만, 완벽한 유토피아를 추구하는 이들의 목표는 그것이 아니다. 실패한 경제 비전 중 가장 끔찍한 것과 역사상 가장 훌륭한 결과를 낸 것을 가르는 핵심이 여기에 있다. 번영을 위해서는 불완전함을 받아들여야 한다. 지금 당장 눈앞에 있는 결과가 성에 차지 않는다고 해서 장기적으로 좋은 쪽으로 향하는 것을 중단해서는 안 된다.

• 디드러
매클로스키

"1800년부터 지금까지, 풍요로움을 만들어낸 것은 인간의 자유이지 기계적인 강압이나 투자, 또는 과학이 아니었다. 인간은 자유롭게 새로운 기술과 제도를 고안하여 놀라운 일을 했고, 앞으로도 그럴 것이다. 자유가 세상을 풍요롭게 하고, 인간의 영혼은 풍요로 인해 부패하지 않는다."

(절대적인 기준으로 본다면) 세상이 수천 년간 '빈곤한 상태'였다는 것에는 논란의 여지가 없다. 절대적 부의 증가가 지난 200년 안에 일어난 일이라는 것 역시 마찬가지다. 여기에는 인과관계가 있다. 자유는 서유럽에서 처음으로 시작하여 식민지로 퍼져나갔다. 지도를 보면, 자유주의가 시작된 곳에는 풍요가 따라왔다.

• 루트비히 폰
미제스

"자본주의 사회에서는 과거 가장 부유한 사람조차 누릴 수 없었던 편의를 누구나 누린다. 하지만 자동차, TV, 냉장고와 같은 물건을 사용할 수 있다고 해서 인간이 행복해지는 것은 아니다. 물건을 얻은 그 순간은 행복하겠지만, 욕구가 충족되는 순간 새로운 욕구가 생겨난다. 그것이 인간의 본성이다."

미제스가 말하는 인간 본성의 본질에서, 기업 활동의

자유를 지키려면 무엇보다 물질주의의 토대를 벗어나야 한다는 사실이 드러난다. 상품 소비가 우리에게 행복을 준다는 것은 결국 상품의 생산에 더 큰 가치가 있다는 말이다. 자유를 추구하는 기업, 그리고 이를 지지하는 이들은 결코 만족스러운 음식이나 새로운 기술이 주는 일시적 행복을 목표로 해서는 안 된다. 우리의 생산 능력이 가져올 인간의 번영이 목표가 되어야 한다. 인간의 번영은 제품을 소비하는 행위에서 오는 달콤함보다 훨씬 더 큰 만족을 줄 것이다.

• 케빈 윌리엄슨

"제2차 세계대전의 종전부터 지금까지는 여러 경제 이론이 경쟁하는 시기였다고 할 수 있다. 이를 간단히 요약하면 다음과 같다. 카를 마르크스는 틀렸고, 밀턴 프리드먼은 옳았다. 지난 수십 년 동안 시장 중심의 개혁으로 전 세계의 심각한 빈곤이 절반 이상 감소했다. 세계은행에 따르면 1980년까지만 해도 전 세계 인구의 40퍼센트 이상이 빈곤 속에 있었지만, 현재는 그 비율이 10퍼센트 미만이다. 세계 역사에서 이에 비견할 만한 변화는 아무것도 없다."

마르크스 대 프리드먼, 혹은 마르크스 대 스미스는 이 책의 주제를 보는 유용한 틀이다. 하지만 이러한 구도로만 보면 지나치게 단순해질 수 있다. 각 이론의 성과를 확인하기에 가장 좋은 방법은 자유 기업 체제와 공산권 국가의 집단적 복지가 각 각 빈곤을 줄이는 데 얼마나 기여했는지를 보는 것이다. 만약 시 장 경제 체제가 빈곤 감소에 영향을 준 주요 이유가 아니라면, 이 책을 다시 써야 할지도 모른다.

• 애덤 스미스 "구성원 절대 다수가 가난한 사회는 번영과 행복을 보장할 수 없다."

도덕적으로나 경제적으로나 마찬가지다. 모든 인간의 번영은 우리가 추구해야 할 가치이다. 유토피아는 동기를 부여 하지 않지만, 자유로운 교환이 보장된 사회는 인간이 번영과 상 업적 만족을 추구하도록 다양한 동기를 제공한다. 빈곤이 근절 되기는 어렵겠지만, 동기가 있는 사회는 빈곤에 잠식되지 않을 것이다.

• F.A. 하이에크 "자유로운 사회를 건설하는 것은 지적 모험이자 용기 있는 행동 이어야 한다. … 우리가 독창성과 상상력을 바탕으로 자유로운 사회의 철학적 기초를 다시 사유하지 않는다면, 자유의 미래는

실로 어둡다. 우리가 자유로운 사회를 지탱하는 사상이 가진 힘을 다시 믿을 수 있게 된다면 자유는 패배하지 않을 것이다."

수십 년 전에 읽은 하이에크의 이 글이 내 삶을 바꿨다. 자유로운 사회를 건설하는 것은 정말로 '지적인 모험'이다. 용기 있는 행동만큼 인간 정신의 번영을 가져오는 활동은 없고, 자유로운 사회를 위한 지적 투쟁에는 반드시 용기가 필요하다. 진실에 뿌리를 둔 사유는 인간의 번영을 가능하게 한다. 신으로부터 받은 자유, 자발적 교류, 개인의 책임, 인류의 존엄 모두가 진리에 뿌리를 두고 있다. 자유로운 사회를 건설하고자 하는 우리의 투쟁은 진실로 지적이며 가치 있는 모험이다.

• 찰스 G. 코크

"성공한 기업은 고객이 가진 자원보다 더 가치 있는 제품이나 서비스를, 더 적은 자원을 사용하여 제공함으로써 가치를 창출한다. 이러한 가치 창출은 인간의 삶을 풍요롭게 만들고, 궁극적으로 사회 번영에 기여한다."

기업의 자유를 지키기 위한 논지는 전후 관계와 목표를 확실히 해야 한다. 가치 창출의 목표는 타인을 위한 봉사이며, 이를 만족할 때 새로운 가치가 생성된다. 재화를 교환하는 양측의

이해관계를 바탕으로 한 가치 창출이 기업의 자유를 지키는 기초
이다.

"풍요롭고 발전한, 근면한 국가가 그렇지 않은 국가에 비해 더
큰 소비자이다. 왜냐하면 전자는 소비자임과 동시에 더 큰 생산
자이기 때문이다."

    소비할 수 있는 능력과 소비가 주는 만족감도 중요하지
만, 여기에서는 좋은 소비자가 곧 훌륭한 생산자라는 원인과 결
과에 더 주목해야 한다. 발전된 국가가 누리는 풍요와 산업의 결
과물은 개인 수준에서 보면 소비지만, 이를 가능하게 한 것은 근
본적으로 생산 능력이다.

"인간은 사랑받기를 원할 뿐만 아니라 사랑스러워지기를, 다
시 말해 사랑의 대상이 될 수 있기를 원한다. 미움과 증오를 받
거나 그 대상이 되는 것은 두려워한다. 칭찬받는 것뿐만 아니
라 칭찬받을 자격을 갖추기를 원한다. 실제로 칭찬을 받지 않는
다 해도, 칭찬받을 만한 존재가 되기를 바란다. 비난받는 것은
물론 비난받아 마땅한 존재가 되는 것을 두려워한다. 설령 지금

비난을 받고 있지 않는다 해도, 앞으로 비난받을 대상이 되는 것을 두려워한다."

중앙에서 경제를 통제하는 방식은 인간다움을 위태롭게 만든다. 인간의 본성과 욕망, 사랑과 인정에 대한 욕구는 (전부는 아니지만) 시장에 의해 강화되고 충족되며 자리를 잡는다. 다만 인간은 대중의 평판뿐만 아니라 인간다움 자체를 중요하게 여길 수 있는 도덕적 정서를 함양해야 한다. 이것이 가능해지면 시장 경제 체제는 인간의 번영을 촉진할 것이다.

・유발 레빈

"시장은 인간에게 존엄을 부여한다. 교환 경제에서는 지주와 소작농이라는 구조에선 불가능한 일, 즉 계층과 관계없이 자신이 제공할 수 있는 것을 시장에 내놓는 일이 가능하다. 누군가의 자비로움에 기댈 수밖에 없는 비참한 의존은 인간의 사기를 떨어뜨린다. 시장 경제는 이런 비참함을 피할 수 있도록 하고, 모든 인간을 존귀하고 동등하게 대접한다."

인간의 존엄성보다 중요한 것은 없다. 교환 경제에서는 상호 제공할 것이 있고, 교환 주체 모두 필요나 욕구를 충족하길 원한다는 점에서 교환의 주체가 동등하다. 반면 이상적인 복지 국가나 무조건적인 재분배, 계몽주의 이전의 봉건제도는 모두, 누군가를 종속적으로 만든다는 점에서 시장 경제 체제보다 우월할 수 없다. 시장 경제 체제에서는 교환의 주체인 인간이 동등하게 존엄을 누린다.

• 로버트 시리코
신부

"계속 누군가의 지원을 받기만 한다면, 당신의 개척 정신은 둔화되고 당신의 세계는 쇠퇴할 것이다. 결과적으로 당신의 인격은 존중받지 못하게 된다."

타인의 생산 활동에만 의존하는 사람의 발전을 기대하기란 거의 불가능에 가깝다. 인간을 대상화하는 경제 정책은 인간의 존엄을 빼앗고, 서로를 향한 경멸을 초래한다. 인간의 물질적 욕구 충족이 중요하다 해도 이를 위해 실존적, 영적, 감정적 욕구를 무시해서는 안 된다. 자유롭고 도덕적인 사회는 인간의 육체적, 물질적 문제를 해결하는 동시에 인류학적 문제도 해결할 수 있다.

• 토머스 배빙턴
매콜리

"지금까지는 시대가 계속 발전해 왔음을 모두가 알고 있다. 하지만 다음 세대 역시 발전할 것이라고 기대하는 사람은 많지 않은 듯하다. 물론 저마다의 이유로 최고의 시기는 지금이라고 말하는 이들이 틀렸다는 것을 증명할 방법은 없다. ⋯ 하지만 계속 발전하는 세상을 보며 앞으로는 악화 외에 기대할 것이 없다고 말하는 이유는 무엇일까?"

자유로운 기업의 미래가 환경적, 사회적, 도덕적으로 '확실하게' 절망적일 것이라 말하는 이들은 역사와 상식의 증언에 반하는 것이다.

———————————— • 타일러 코웬

"형식에 구애받지 않는 자유로운 문화는 이미 무언가를 성취하여 누리고 있는 이들의 문화다. 잘 정착된 이 문화는 토크빌 Tocqueville**이 묘사했던 경직된 미국인들의 모습과는 다르다."

인간의 번영은 현대적이고 소비적인 자유와 같은 '가벼움'을 목표로 하지 않는다. 모험적이고 창의적이면서 야망과 풍요를 쉬지 않고 실현하는 '좋은 삶'을 목표로 노력한다.

** 알렉시 드 토크빌Alexis de Tocqueville: 프랑스의 정치학자이자 정치인, 역사가. 1831년 9개월간 미국에 체류하며 기록한 미국의 면면을 《미국의 민주주의》라는 책으로 펴냈다.

"낡아빠진 군주제 또는 시대의 흐름을 읽지 못하는 사회주의를 계속한다면, 특히 부유한 특정 계층, 특정 정당을 보호하기 위해 정책을 바꾸는 일, 최악의 형태인 사회주의 군사정권, 폭정, 숨막히는 규제를 멈추지 않는다면, 결과는 권력의 횡포와 가난에 의해 망가진 일상, 그리고 짓밟힌 정신뿐일 것이다. 현대 자유주의는 언제나 인간의 번영을 목표로 폭정과 빈곤에 대항했다. 사람들을 옭아매어서는 안 된다. 평범한 이들이 자신의 일을 하도록 그냥 두라. 사람들을 쥐어짜지 말라."

자유에 뿌리를 두지 않은 경제 질서는 그 목표, 즉 부자를 처벌한다거나 힘과 재력을 가진 이들을 더 살찌우는 것의 달성 여부와 관계없이 실패한다. 자유에 뿌리를 두지 않은 질서는 인간 정신을 짓밟기 때문이다. 자유로운 인간이 사회의 발전을 이끈다. 자유를 막는 체제에 남을 결과는 심각한 영혼 파괴뿐이다.

"경제적 통제는 인간 삶의 일부분만을 통제하는 것이 아니다. 인간의 목적을 위한 모든 수단을 통제하는 것과 같다. 이만한 권한을 가진 이라면 달성해야 하는 목적과 가치 평가, 요컨대 인간이 무엇을 믿고 무엇을 위해 애를 써야 하는지도 통제당하게 된다."

인간이 목표를 성취하는 방법을 국가의 통제에 맡기는 것보다 인간 번영에 해악을 끼치는 것은 없다. 어떤 이들은 개인에게 통제 권한을 주는 것이 국가에 통제 권한을 주는 것보다 더 나쁜 선택이라고 말한다. 그러나 핵심은, 국가가 수단을 통제하는 순간, 주요 의제까지 통제하게 된다는 것이다. 이렇게 되면 '인간 번영'이라는 대의는 무너지고 만다. 충분히 떠올릴 수 있는 일련의 사건이 인류의 목적을 왜곡했던 것처럼 말이다.

• 조지 길더

"미국의 주요 기업가 대부분은 운명의 돛대에 묶여있다. 그들은 다른 곳에 투자하는 만큼만 자신의 재산으로 보유할 수 있다. 그들이 나눠주는 것만 가질 수 있다는 말이다. 그들의 재산은 투자의 형태로 다른 이들에게 주어진다. 이는 노동을 통해 유지되는 기업의 방대한 그물망에 녹아있다. 이처럼 자본주의는 가져가는 것이 아니라 누군가에게 주는 것에서부터 시작한다."

이는 자유로운 기업과 인간의 번영이 어떤 관계에 있는지를 훌륭하게 설명하는 말이다. 시장 경제에서는 수익을 내기 위해 서비스를 제공해야 하며, 이를 통해 인간 번영이 촉진된다. 그 자체로 인센티브인 것이다. 그렇게 부를 얻게 되면, 그 자본은 다시 시장으로 들어간다. 성공한 기업가가 돈을 땅에 묻어버리거나 태워버리는 것도 가능하다. 그러나 이렇게 하면 사회적 이익이 발생하지 않음은 물론, 그들의 이익 자체가 위협을 받게 될 것이다. 자본주의는 이러한 어리석은 선택을 하도록 내버려두지 않는다. 오히려 자본주의는 재투자, 추가 투자를 통한 수익 추구를 유도하고, 이를 통해 투자자와 연결된 이들에게도 이익을 준다.

• 디드러
매클로스키

"미국에서 태어난 것은 행운이다. 여기에서 '행운'은 신뢰할 수 있는 사법 체계와 사유재산의 보장, 소모적이지 않은 행정부, 효율적인 교육 체계, 상당 기간 이어온 발전적 사고, 특히 일하는 방법의 혁신과 연결된 현대 자유주의를 포함하는 말이다. 현대 자유주의는 널리 알려야 할 '행운'이다."

번영을 추구해 온 국가에서 태어난 이들을 질투하기 보다, 그들이 어떻게 번영을 이룩했는지를 알아보는 것이 낫다. 미국이 어떻게 부를 창출했는지를 연구하고 이해해야 하며, 그 방법을 전 세계에 나눠야 한다. 선진국에서 태어난 이들이 부끄러워하는 경우가 종종 있는데, 사실 그럴 이유가 없다. 그 '행운'에 자긍심을 갖고, 혁신과 자유, 더 나은 삶을 향한 믿음을 이야기하자.

• 로버트 시리코
신부

"우리는 경제 교육을 통해 시장이 어떻게 작동하는지를 이해하는 것이 취약 계층에 도움이 될 것이라 생각했다. ⋯ 일자리 창출이 가난한 이들에게 도움이 되는 것은 사실이다. 선량한 의도를 가진 사람들은 도움이 필요한 이들에게 물자를 지원하는 것이 그들과 연대하는 방법이라고 생각하기도 한다. 그러나 시장의 작동 원리를 이해한다면, 인간 존재 자체가 부를 만들어내는 생산자이며, 이를 통해 가난에서 벗어날 수 있다는 사실을 발견하게 된다. 인간의 본성은 가난 속에서도 여전히 창의적이라는 사실을 보여주어야 한다. 인간은 소비하는 것보다 더 많이 생산함으로써 풍요를 누릴 수 있다는 사실을 알려주어야 한다."

시리코 신부의 말에 담긴 감정을 글로 쓴다면 책 한 권은 나올 것이다. 빈곤은 생산을 통해서 극복할 수 있다. 기술과 생산 능력으로 발현된 인간 정신의 함양이 이를 보여준다. 생산할 수 있다면 부를 창출할 수 있다. 소비를 중심으로 하는 경제적 관점은 진부하고 단순하지만, 생산을 중심으로 한 관점은 인간을 존중하며 지속 가능한 빈곤 퇴치를 위해 고군분투한다.

• 헨리 해즐릿

"가능한 한 많은 사람이 부를 누릴 수 있는지 여부는 문제가 아니다. 선량한 이들은 당연히 경제적 풍요를 추구한다. 우리가 진짜 의문을 가져야 하는 것은 이를 성취하기 위한 방법이다. 이 질문에 답을 찾기 위해 놓치지 말아야 할 기본적인 진리가 있는데, 그것은 바로 우리가 만들어낸 것보다 더 많은 부를 분배할 수 없다는 것, 사용한 노동력보다 더 많은 임금을 지불할 수 없다는 것이다."

이 책의 제목은 여기에서 나왔다. 나는 자유롭고 도덕적인 사회를 추구하고, 이것이 인간 번영의 대의라고 생각한다. 그렇기 때문에 세상에 '공짜 점심'이란 게 있는 것처럼 굴지 않을 것이다. 우리가 '교환'이라는 개념을 경제학적으로 이해하게 되면, 공짜 점심 같은 것으로 대의를 흐리기보다 실제로 인간 번영을 가능하게 하는 쪽을 택하게 될 것이다.

• 빅토르 클라르

"우리는 인간에 관해 다수가 동의하는 근본적인 가치를 발전시켜야 한다. 백 명에게 '인간의 삶이 본질적으로 존엄하다고 믿는가?'라고 묻는다면, 대부분이 이에 동의할 것이라 확신한다. 이 질문을 더 확장하여 인간은 무엇을 위한 존재인지, 일의 목적은 무엇인지, 기회는 어떤 형태여야 하는지, 왜 인간이 기회를 가져야 하는지로 뻗어나간다면 노동을 기피하는 현실이나 소비 행태와 같은 오늘날의 문제를 넘어서 '경제적 인간'이 어떤 목적으로, 무엇을 위해 사는지 생각할 수 있게 될 것이다."

이 장을 마무리하기에 이보다 좋은 내용은 없을 것이다. 인간의 번영은 단순히 거래나 부족한 자원의 배분이 아니다. 번영을 위한 모험이 인간의 존엄을 바탕으로 할 때, 비로소 우리는 올바른 질문을 할 수 있으며, 영혼의 갈망을 만족할 만한 깊이 있는 답을 찾을 수 있을 것이다.

인간 행동

• 루트비히 폰 미제스

"문명은 자연에 맞서 이뤄낸 성취가 아니다. 그것은 인간이 타고난 자질을 발휘한 결과이다."

독립성과 창의성, 열망과 자기 보존의 속성을 가지고 신의 형상대로 창조된 인간은, 행동에 이 내면적 자질을 반영하고 있으며 이러한 행동이 모여 문명으로 나타난다. 인간의 행동이 경제요, 경제가 곧 인간의 행동이다. 경제학의 근본은 수학이 아니라 인간이다. 그렇기에 문명에는 언제나 인간의 성공과 실패가 존재할 수밖에 없다.

"문명을 이해하기 위해서는 확대된 질서가 인간의 설계나 의도에서 비롯된 것이 아니라 자연발생적 결과라는 점을 알아야 한다. 이 질서는 사람들이 대체로 이해하지 못한, 타당성을 입증할 수 없고 중요성도 증명할 수 없는 특정 전통이나 도덕적 관행에 순응하는 과정에서 발생했다. 그리고 이 질서를 따르는 집단의 발달, 즉 인구와 부의 상대적 증가를 통해 상당히 빠르게 퍼져나갔다."

인간은 자유로운 개인이지만, 질서라는 기적으로 문명을 형성했다. 이것은 인간이 할 수 있는 가장 훌륭한 행동이다. 인간 행동이 개인적 차원에서는 충동적이지만, 집단적 차원으로는 질서의 근원이 된다는 발견은 인간 행동 역학의 이해를 바탕으로 경제를 이해하는 데 있어 핵심이다.

"위대한 풍요는 종종 역효과를 일으키기도 하는 정부의 통제에 의해 달성된 것이 아니다. … 도움이 되지 않는 과학이나 노예제도, 자본의 축적, 역사의 변증을 통해서 성취된 것도 아니다. … 자유가 위대한 풍요를 성취했다. … 인간에게 충분한 자유가 주어진다면, 자발적 협력을 통해 몸과 마음의 풍요, 성숙을 이룰 것이다."

매클로스키의 말은 의미가 있다. 자유는 인간이 더 많은 활동을 하도록 촉진했고, 이 활동은 풍요를 가져왔다. 자유로운 인류는 열의를 다해 능력과 힘을 발휘했고, 삶의 수준을 기하급수적으로 끌어올렸다. 특히 '충분한' 자유라고 표현한 것은 한층 설득력이 있다. 자유는 인간의 교환을 촉진했고, 여기에는 성숙한 행동이 필요하다. 책임, 정직, 도덕, 신뢰와 같은 미덕을 자유와 결합하면 이는 교환을 위한 강력한 공식이 되며, 자유는 또한 이 결합을 장려한다. 자유는 풍요를 위해 필요한 조건이지만, 자유만으로는 충분하지 않다. 미덕과 결합된 자유가 번영을 위한 이상적 조건이다.

• 빅토르 클라르 "케인스의 주장은 인류학적으로 공허하다. 이렇게 공허한 인류학을 바탕으로 하는 경제 정책에는 결함이 생긴다. 그 결과가 오늘날 연방준비제도이사회Fed의 완전 고용과 물가 안정이라는 이중적 목적이다. 경제학은 이제 도덕 이론으로서의 기능을 상실했다. 지금의 경제학은 게임과 같다. 원하는 결과를 얻기 위해, 그저 좋아 보이기 위해 거시 경제에 영향을 줄 수 있는 연방 기금 금리를 만지작거리고 어떻게 변수를 조작할 것인가에 몰두한다. 이러한 하향식 정책은 좀 더 개인적인 차원에서 우리의 의사 결정을 좌절시키기도 한다."

케인스주의* 인류학, 연방준비제도이사회의 이중적 목적에서 드러나는 지혜의 부족, 하향식 정책을 통해 경제를 조정하려는 시도 등, 여기에서 클라르는 다양한 주제를 다루고 있는 것으로 보인다. 그러나 이 모든 것은 궁극적으로 하향식 개입에서 비롯한 인간 행동의 제약이라는 장애물로 귀결된다. 이 장애물은 효율성만 저하시키는 것이 아니다. 인간의 행동을 좌절시키는 정책은 인간 번영이라는 대의를 꺾을 수 있는 중대한 위험을 지닌다.

"무언가를 발견해 내는 과정은 모호함, 즉 있음과 없음 사이의 차이를 살펴볼 때 시작된다. 직관은 우리에게 '더 나은 것은 우리가 보고 있는 것 바로 바깥에 있음'을 알려준다. 무언가를 발견하기 위해서는 우리의 감각에 예민해져야 한다."

인간은 신에게서 받은 탐구 본성을 통해 기적을 발견해 낸다. 우리에게는 기본적으로 경험하는 현실을 관찰하는 능력뿐만 아니라, 지금 존재하는 것과 존재할 수 있는 것 사이의 틈을 채

---

* 경기를 안정시키고 완전 고용을 실현하기 위해서는 중앙은행의 금리 정책 등 국가의 적극적 개입이 필요하다는 견해를 보인다.

우는 능력이 있다. 이는 능력임과 동시에 문화 융성이라는 임무
이자 기회이기도 하다.

• 타일러 코웬

"정보를 찾는 데 시간을 쓰기보다, 자리에 앉아서 스스로를 위
한 일을 하는 것이 더 유익하다. 정보는 부족하지 않다. 가진 정
보를 사용하여 무언가를 하려는 의지가 부족할 뿐이다."

이는 인간 행동을 경제학의 바탕으로 보는 관점의 핵심
이다. 새로운 정보가 아닌, '갖고 있는 정보를 사용하는 인간의 행
동'에 가치가 있는 것이다. 끈기와 창의성, 진취성이 부를 창출한
다. 정보는 이미 모래알만큼 많다.

• F.A. 하이에크

"이성적 존재는 결코 경제적 목적으로 움직이지 않는다. 돈은
인간이 발명한 위대한 자유의 도구일 뿐이다."

인간은 자신의 꿈, 추구하는 목표, 열망하는 것을 위해
행동한다. 돈은 행동을 위한 도구이지 목적이 아니다. 인간의 인내
를 뒷받침하는 행동은 연구하고, 그것을 수치화하고 값을 매기려
는 유혹에는 저항할 때 경제학을 더욱 치열하게 이해할 수 있다.

• 루트비히 폰
미제스"모든 합리적인 행동은 개인으로부터 출발한다. 오직 개인만이 생각하고, 추론하며, 행동한다."

이는 시장 경제 체제와 중앙 통제 체제에 사상적 기반의 차이가 있음을 보여준다. 인간의 존엄성을 중요하게 여기는 시장 경제 체제는 인간을 신의 이미지를 가진 존재, 고유하고 특별한 존재로 본다. 반면 중앙 통제 체제는 역사의 흐름이 개인과 무관하다고 본다. 물질이 개인을 움직일 수 있지만, 그 개인이 인류 전체의 방향에 영향을 주지는 못한다는 것이다. 자유 기업에 반대하는 사람들은 개인을 집단에 종속된 개체로 본다. 반면에 시장 경제 체제를 지지하는 이들은, 집단이 개인의 이성적 행위를 반영한다고 믿는다.

• 러스 로버츠"경제학은 '무언가를 선택한다는 것은 다른 무언가를 포기한다는 의미'임을 알려준다. 또한 관련이 없는 행동과 사람이 어떻게 서로 연관될 수 있는지를 이해하는 데 도움을 준다."

단지 '공짜 점심은 없다'고 말하기 위해 선택과 포기를 언급하는 것은 아니다. 이 둘은 경제학의 기초가 되는 인간 행동의 본질이다. 인간은 행동하는 과정에서 매 순간 선택을 한다. 이 선택은 비용과 편익을 비교하며 이루어지는데, 의식하지 못할 정도로 굉장히 빠르게 일어나기도 하고 신중한 과정을 거치기도 한다. 여기서 중요한 것은 어떤 것을 얻기 위해 어떤 것을 포기하는 행위가 다른 이의 선택과도 보이지 않게 연결되어 있다는 사실이다. 이러한 사회적 협력은 한 인간의 행동에서 개별적으로 시작하지만 집단적 결과를 가져온다. 이것이 바로 경제이다.

• 조지프 A.
슘페터

"자본주의는 주부가 요리에 어떤 콩을 넣을 것인지를 선택하는 행동이 생산에 영향을 미친다거나, 공장 관리자들이 무엇을 어떻게 생산할지를 결정하는 데 의견을 내는 행위를 말하는 것이 아니다. 자본주의는 가치 체계, 삶에 대한 태도, 부의 불평등에 대해 말한다."

자유 기업 체제란 인간 행동, 부족한 자원의 배분과 이를 실행하도록 하는 태도와 가치, 그리고 자유와 미덕이 만들어 낸 문명을 총체적으로 묶은 개념이다.

• 제프리 터커

"시장 경제는 시스템이 아니며, 중앙 정부와 같은 특정한 누군가가 결정하는 것도 아니다. 법률, 법안, 규정에도 존재하지 않는다. 이것은 구심점이 없이 자발적인 개인이 자기 재산을 통해 스스로 연합하여 이익을 추구하는 과정에서 생긴다. 아름다움은 통제 없이 피어나는 것이다."

이 말에 따르면, 기업은 인간 행동의 자연스러운 결과이다. 개입, 규제, 규정, 통제와 같은 형식이 있기 전에 인간은 행동하고, 연합하고, 창조해 낸다. 인간이 신의 협력자라는 믿음은, 동시에 자유로운 기업이 인간의 인격과 존엄을 중요하게 여긴다는 것을 믿도록 한다. 속박에 놓이지 않은 인간은 창조적인 능력을 통해 최고의 결과를 만들어왔다.

———————— "자유롭게 물건을 사고파는 세계에서 만나는 낯선 이는 친구가
· 디드러   된다. 경제의 자유를 지지하지 않는 이들에게 이 말을 하고 싶
매클로스키   다. 당신이 추구하는 달콤한 결말은 자유로운 경제 활동이 이루
         어줄 것이라고."

비즈니스를 악한 것으로 생각하기보다 교환과 상업적 활동이 공동체를 강화한다는 사회적 현실을 받아들이는 편이 낫다. 개인의 자유로운 상업 활동을 막아야 더 완전한 공동체를 만들 수 있다고 믿는 것은 어리석다. 항상 그런 것은 아니지만, 비즈

니스는 우정을 만들어내기도 한다. 비즈니스가 없는 곳에서는 사회적 소외를 마주하게 될 것이다.

"오늘날 거시경제학을 논하는 이들 대부분은 스스로를 '케인스주의자'나 '통화주의자'**, 혹은 다른 이름의 학파로 정의하지 않을 것이다. 경제를 이해하는 데 특정한 관점을 너무 강하게 지지하는 것은 의심스럽기 때문이다. 이 논쟁의 대원칙은 데이터로 충분하다."

코웬은 데이터의 활용을 긍정적으로 보거나 현대 경제학 논쟁 전반을 묘사하고 싶었는지 모른다. 하지만 데이터가 이념적 틀, 신념 체계, 지적 헌신 없이 작동한다고 생각하는 것은 대단히 위험할 수 있다. 계몽주의 이후 경제학에서 나온 수많은 오류가 특정 이름을 갖게 되면서 우리는 이를 식별하고 피할 수 있게 되었다. 경제학에서 익명의 데이터를 사용하는 불성실한 태도는 가장 위험한 오류이다. 계량경제학은 다른 사조-ism처럼 철학적이나, 자기 인식에 있어서는 부족하다. 인간 행동을 스프레드시

** 경제 내에서 화폐의 역할을 강조하며, 정부의 경제 정책 중 통화 정책을 가장 중요시하는 경제학자. 이들은 통화 정책을 제외한 다른 모든 경제적 문제는 시장이 해결할 수 있다고 믿는다.

트로 대체하려는 노력은 경제학의 역사에서 가장 무지하고 오만한 시도였다고 할 수 있다.

• F.A. 하이에크

"모든 '전통적' 가치에 동일한 의문을 제기할 수는 없다. 경제 발전의 관점에서 보면, 이러한 절대적 의심은 문명의 파괴와 비참한 기아로 이어질 뿐이다. 모든 전통적인 가치를 완전히 포기하는 것은 불가능하다. 그렇게 된다면 인간은 아무것도 할 수 없게 될 것이다."

인간의 행동은 가치 체계에서 나온다. 전통적 가치를 경멸하는 사람은 전통이 주는 부담을 그 지지자들에게 넘겨도 된다. 그러나 역사를 통틀어 가치 체계를 기반으로 한 인간의 행동은 더 큰 성장과 적은 불행을 낳았다는 것을 알아야 한다. 가치 체계에서 나온 행동을 무시하는 이들은 문명에 해를 끼치지 않으면서 그 행동을 대체할 만한 것을 찾아야 하지만 이는 어려운 일일 것이다.

• 조지 길더

"자본주의자의 동기는 자신의 욕구 충족이 아니다. 그들의 동기는 기업가적 아이디어를 완성할 수 있는 자유와 힘이다."

여러 기업을 세운 창업자와 시간을 보낸 경험이 있는 사람이라면 누구나 이 말이 사실이라는 것을 알고 있다. 부를 창출하고자 하는 마음, 삶의 질을 향상시키고자 하는 목적이 일정 수준의 야망을 끌어올리기는 한다. 하지만 이것이 창조하고 성장하고자 하는, 타고난 욕구 전부를 충족할 수는 없다. 아이디어의 전달과 실행은 성공적인 기업의 핵심 활동이며, 이익은 이에 따라오는 부가적인 요소일 뿐이다. 물론 이 모든 과정 안에 소비가 있지만, 근본적으로 기업의 원동력은 기업가의 비전, 꿈, 열정이다.

• 디드러
매클로스키

"'오스트리아학파'***의 말을 빌리자면, 인간의 행동은 단순히 제약과 효용에 대한 반응 이상으로 활동적이고 창의적인 것이며, 자유와 창조의 실현, 신에게 부여받은 '예', '아니요'를 말할 수 있는 의지의 결과이다."

• 조지 길더

"인간은 신의 형상을 닮은 존재이기에 행동에 창조성과 자유가 녹아있다. 따라서 인간의 행동은 기계적이고 본능적인 것을 초월하여, 경제적 삶은 물론 우리의 영혼이 필요로 하는 것까지

*** 오스트리아 빈 대학교를 중심으로 발전한 경제학파로, 가치 형성 과정에 개인의 주관적 효용(한계효용)이 작용한다고 보았으며 기업가정신, 민간 주도를 통한 경제 성장을 주장한다.

채운다."

인간의 행동에는 언제나 놀라운 점이 있다. 본질적으로 그렇다. 이 '놀라움'이라는 요소는 인간의 창의성이 빛을 발하는 지점임과 동시에 집단주의가 필연적으로 실패할 수밖에 없는 이유이기도 하다. 중앙 통제는 인간의 창조적 능력을 고려하지 않는다. 그렇기 때문에 언제나 뒤처지게 될 것이다.

• 타일러 코웬

"시장은 증기기관이나 철강 제조, 혹은 오늘날의 반도체 생산 공장에만 관련된 것이 아니다. 시장은 셰익스피어, 하이든뿐만 아니라 현대의 거대 서점 등장에도 도움을 주었다. 음악, 미술, 그리고 인쇄 문화의 부흥은 자본주의, 현대 기술, 법치, 그리고 소비자의 등장으로 대표되는 광범위한 사회 경제적 발전의 일부였다."

자유로운 기업이 만들어내는 결실을 설명할 때 위의 내용은 충분히 강조되지 않는 경향이 있다. 시장 경제를 좋게 보지 않는 이들은 기업을 '모든 것을 상업화하는 계산적인 존재'로 인식하기 때문이다. 하지만 경제학을 '인간 행동의 결과'라는 관점으로 본다면 더 큰 부분, 즉 소비자의 권익을 우선시하는 체제와 이를 지지하는 경제의 작동 원리를 볼 수 있다.

"비극적 비전은 '해결책'을 제시하지 않는다. 단지 절충안을 통해 세상에 채워지지 않은 욕구와 불행만을 남길 뿐이다. 이 비전에서의 생존 전략은 제한된 선택지들 사이에서 어떻게 최상의 절충을 만들어낼 것인가를 판단하는 신중한 감각, 그리고 '충족되지 않은 필요'는 결코 사라지지 않는다는 깨달음일 따름이다. 그러나 모두의 필요를 완전히 충족하려는 시도는 결국 누군가의 것을 빼앗을 수밖에 없기에 이를 추구하는 사회의 모습은 자신의 꼬리를 쫓는 개와 같다."

공짜 점심은 없다. 경제는 인간 행동에 내재된 의사 결정 과정이다. 인간은 위험의 정도를 측정하여 그것에 타당한 보상을 요구하고, 요구가 맞을 경우 가장 효율적인 행동을 택한다. 위험의 정도를 잘못 측정하기도 하고, 위험과 보상의 절충에서 잘못된 선택을 하기도 하지만, 그것이 경제의 본질이다. 절충 자체가 나쁜 것은 아니다. 우리는 절충하며 산다. 절충이 문제가 되는 단 하나의 경우는, 절충이 필연적인 것임을 부정하는 경우다.

3장

탐욕과 계급 선망

• 토머스 소웰

"시장 경제를 '욕심'과 동일시하는 이들이 있지만, 자유방임주의 경제의 전성시대였던 19세기에는 전례 없는 민간 자선 활동이 있었다. 특히 '물질만능주의'를 추구하는 미국인들이 자발적으로 기부를 하여 학술, 의료 및 기타 기관을 세우고 운영했다는 것은 독특한 부분이다."

부의 재분배를 통한 사회 정의를 지지하는 이들에게는 이 말이 충분히 와닿지 않을 수 있다. 그러나 지난 150년 동안 부를 창출해 낸 시장의 힘에서 부인할 수 없는 중요한 부분은 자발적으로 남을 돕고자 하는 노력이다. 좀 더 엄밀하게는, 남을 도우려는 노력이 새롭다기보다는 기업이 창출한 부가 새로운 것이었고, 그 부가 박애를 위한 열정을 후원할 수 있었다.

• 데이비드
리카도

"노동자가 임금 없이 살 수 없는 것처럼, 생산자도 이윤 없이 살 수 없다."

노동에 대한 임금을 요구하는 노동자를 욕심쟁이라고 매도하지 않는 것은 당연하고, 사업주가 이윤을 추구하는 것은 비난받을 행동일까? 사업가의 이윤은 노동자의 임금과 같다. 혹자는 이윤도 '정도껏'이어야 한다고 말할 수 있으나, 이는 편견이며 왜곡된 생각이다. 노동자나 생산자가 얻는 소득, 즉 '이익'은 모두 귀한 것이다.

• 타일러 코웬

"적어도 미국에서는 경제 상황에 대한 분노가 억만장자나 고위층, 심지어 부패한 금융가에게도 향하지 않는다. 그 분노는 연봉이 오른 같은 층 직원이나 자신보다 20퍼센트쯤 급여가 높은 인척에게 향한다."

진실은 때로 비극이다. 개츠비 류의 부를 경멸하는 것보다 개인이나 사회를 향하는 태도에서 탐욕은 곧 마음의 문제임이 더 노골적으로 드러난다. 탐욕은 타인의 급여가 삭감되고 내 급여가 오른다고 해서 멈춰지지 않는다. '다른 이의 것을 탐내지 말라'라는 계명을 지키는 것으로만 멈출 수 있다. 스스로의 생산 성에 초점을 맞추고, 스스로가 낸 성과에 감사하고, 다른 이들의 성취를 진심으로 축하할 때 우리 경제와 문화를 좀먹는 탐욕을 제거할 수 있다.

• F.A. 하이에크

"긍정적인 것보다 누군가를 향한 증오나 질투 따위에 쉽게 동조 하는 것을 보면 인간의 본성은 본래 부정적인 듯하다. '우리'와 '그들'을 나누는 것은 공동 행동을 위한 집단 결속에 필수적인 요소이다. 이렇게 하는 것이 어떤 긍정적인 교육보다 집단 내에 서 더 많은 행동의 자유를 허락한다."

탐욕은 타인에 대한 원망을 통해 감정적 만족을 느끼는 것이며, 이에 어떠한 책임이나 부담도 지지 않는다. 그렇기에 두 배로 무거운 죄이다. 탐욕은 타인의 성공을 시기함으로써 스스로 도 최고가 될 수 없게 하는 부패한 감정이다.

• 다니엘 피셜

"금융 종사자를 사회에 쓸모없는 존재로 만들고, 더 나아가 범죄자로 매도하기란 어려운 일이 아니다. 이런 식으로 금융 산업에 비합법적인 부분이 생긴다면 국가는 그들을 마음대로 처분할 수 있게 된다. 금융 종사자는 자유를 누릴 자격조차 박탈당할 것이다. 누군가를 범죄자로 만드는 것은 질투를 자긍심이라는 가면으로 가리기 때문에 대중의 인기를 얻기에도 좋다."

피셜은 여기에서 1980년대 후반에 있었던 마이클 밀켄(저신용 기업의 채권을 사서 높은 수익을 남겼던 부자) 체포 사건의 야만성을 직접적으로 지적한다. 하지만 이 지적은 그때의 사건에만 국한된 것이 아니다. 시장 경제 체제를 통한 부와 번영의 추구에 반대하는 이들은 언제든지 금융 시장을 공격할 수 있다. 그 방법은 금융 종사자들을 약화시키는 것으로, 그들을 범죄자로 규정하여 대중의 질투를 불러일으킨다. 매우 영리한, 그리고 사악한 방법이다.

• 알렉시드 토크빌

"그들의 땅을 개간하고, 가꾸고, 변화시키기 위해 미국인들은 열정적인 지원을 필요로 한다. 그 지원은 부에 대한 사랑이다. 그래서 미국에서는 부를 추구하는 것이 흠이 되지 않으며, 공공 질서의 한계를 넘지 않는 한 명예로운 일로 여겨진다."

알렉시 드 토크빌을 잘 모르는 사람은 이 말을 곡해할 수 있다. 그가 말하고자 하는 것은 부에 대한 우상숭배적 찬미가 아니라, 세계를 변화시키고자 하는 미국적 열망의 고유성이다. 더 나은 삶과 행복을 추구하는 것은 창조된 존재인 인간의 초월성과 도덕성을 분리하지 않으면서, 동시에 죄의식과 거짓은 제거된 '미국 예외주의American Exceptionalism(미국이 강력한 리더십을 발휘하는 세계 최고의 국가라는 뜻의 용어)'를 토대로 한다.

• 디드러
매클로스키

"흔히들 혁신의 시대를 거치며 사람들이 더 가난해졌다고 하는데, 가난한 이들은 오히려 자본주의의 혜택을 받았다. 이는 반박할 수 없는 역사적 사실이지만, 혁신이 만들어낸 이익이 부르주아에게 먼저 돌아간다는 논리에 가려졌다."

여기서는 순서가 중요하다. 부자가 혁신의 수혜를 가장 먼저 받는다. 혁신을 만들어내는 일을 하는 이들이 초기에 가장 많은 이득을 누린다는 사실은 지극히 논리적이고 논란의 여지가 없다. 그러나 혁신의 혜택은 가난한 이들에게도 주어진다. 이사실을 숨기는 것은 그 혜택이 얼마큼 주어지는지에 관심을 두지 않았기 때문이다. 부유한 이들의 삶이 더 좋아진다는 사실이 우리의 탐욕스러운 마음을 자극하기는 하지만, 그렇다고 자유로운 시장 경제가 가난한 이들의 삶에도 도움을 주었다는 사실이 변하는 것은 아니다. 감사할 부분에는 감사해야 한다.

• 헨리 해즐릿

"경제학은 그 어떤 연구보다 더 많은 오류에 시달린다. 이는 우연이 아니다. 물리학이나 수학, 의학 등 모든 학문에 내적 어려움이 있지만, 경제학만큼 중요하지 않은 요소, 즉 이기적인 이유에서 비롯된 특정 입장에 시달리는 학문은 없다."

이 말은 왜 경제학이 다른 관련 학문보다 오류에 취약한지를 가장 잘 설명한다. 현대 사회에서 경제학은 데이터 과학으로 잘못 인식되어 인간 행동과의 연결고리를 잃어버렸고, 특정한 입장을 가진 이들에게 휘둘리기 쉽다. 모든 학문이 이러한 영향을 어느 정도 받겠지만, 경제학만큼 나쁜 의도로 이용당할 수 있는 학문은 없다.

• 월터 윌리엄스

"나는 내가 번 돈을, 당신은 당신이 번 돈을 갖는 것. 이것이 내가 주장하는 사회 정의이다. 여기에 동의하지 않는다면 내가 번 것 중에 얼마만큼이 당신의 소유인지, 왜 그래야 하는지를 설명하라."

월터 윌리엄스가 이 말을 통해 주창하는 원칙은 사유재산과 사유재산의 보호를 위한 정의justice이다. 타인의 것을 강제로 나누는 것은 사회 정의를 무너뜨린다. 윌리엄스의 사회 정의는 노동의 결실을 보호해야 한다는 전제에서 출발하고, 그로부터 정부나 자선 단체 등에 자금을 지원하는 논의로 이어진다. 이와 반대로 현대 사회 정의 운동은 한 사람의 노동의 결실이 사회적 요구에 속한다는 전제에서 출발하여 마지막으로 소유주나 노동자에게 무엇을 남길 것인지를 말한다. '사회 정의'는 감정을 반영한 용어이며, 강한 전제가 없이는 사용되지 않는 말이다. 그렇기에 좀 더 넓게 보아야 한다. 누군가가 이 용어를 사용할 때, 그 전제가 어떤 것인지를 보는 것이 우선이어야 한다.

• 로버트 시리코
신부

"이윤 추구를 동기로 삼는 쪽과 상업주의를 비난하는 쪽의 사고방식에는 독특한 불일치가 있다. 후자는 정부의 확실한 통제를 바탕으로 사람들에게 더 많이 나누는 것이 행복의 열쇠라고 생각한다. 이러한 비뚤어진 사고방식은 '사회 정의'가 돈을 번 이들의 이윤을 가져다가 돈을 벌지 못한 이들에게 주는 것이라는 주장으로 이어진다. 그러나 이는 사회 정의가 아니다. 이것이야말로 물질주의다."

시장 경제는 더 많은 이들이 성취 과정과 성공을 경험하는 데 의의를 둔다. 그러나 이에 반대하는 체제는 물질주의가 핵심이다. 인간의 성취와 번영에 초점을 맞춘 체제와 그저 인간에게 물질적인 것을 주고 싶어하는 체제. 시장 경제를 옹호하는 이들은 이 차이를 중요하게 다루어야 한다.

• 토머스 소웰

"나는 결코 이해할 수 없다. 왜 노동으로 번 돈을 소유하는 것은 '탐욕'이라고 하고, 다른 이의 돈을 바라는 것은 탐욕이라고 하지 않는지 말이다."

이는 현대 경제 논의에 만연한 정치적 수사rhetoric의 아이러니를 꼬집는다. '탐욕'을 비난하는 목소리는 대체로 다른 이들의 정당한 소유를 가져오려는 시도에서 나온다. 이는 그야말로 경제학의 기본 정의를 뒤집은 것이다.

• 데이비드 흄

"상업적으로 발전한 나라들 사이에서 어떤 나라가 다른 나라의 발전에 의심을 표하며 경쟁 상대로 여기게 되면, 양쪽 모두 발목이 잡힐 수 있다. 감히 말하건대, 어떤 나라의 부가 증가하고 상업 또한 발달하면 그것은 인접한 나라의 상업을 촉진한다. 반대로 무지와 게으름, 야만을 버리지 못한 나라의 주변국들은 무역과 산업 발전에 있어서 한계를 마주할 것이다."

위대한 철학자 흄의 말에 따르면, 부유한 나라가 가난한 나라를 해치는 것이 아니다. 반대로 가난한 나라가 부유한 나라를 해친다. 발전하는 국가의 경제적 성취는 필연적으로 이웃 나라로 흘러들어 가지만, 그렇지 못한 국가가 겪는 부족함은 이웃 나라의 무역과 발전 능력을 제한한다. 실제로 현대 역사가 이를 분명히 보여주었다.

• 조지 길더
"더 나은 것에 대한 질투는 파멸로 가는 길이다. 하지만 이를 사랑하는 것은 빛으로 가는 길이다."

오늘날 널리 퍼진 '분노의 경제' 이념은 더 나은 것에 대한 부러움, 질투에 그 뿌리를 두고 있다. 질투를 사랑으로, 원망을 감탄으로 대체했을 때 얻을 수 있는 경제적 기회를 상상해 보라. 눈을 가린 탐욕의 손을 뿌리치면 체제가 주는 경제적 약속이 보인다.

• 헨리 해즐릿

"마르크스의 말을 요약하면 다음과 같다. 더 나은 사람을 질투하라. 누군가의 성공이 개인의 노력과 공동체를 위한 생산적인 기여로 만들어진 것임을 절대 인정하지 말라. 성공은 착취와 속임수의 결과라고 보면 된다. 실패가 나약함, 무능, 게으름, 즉흥성, 어리석음에서 기인했다는 것을 결코 인정하지 말라."

마르크스주의는 역사를 가해자와 피해자의 이야기라고 보는 믿음이다. 이 관점에서는 먼저 가해자를 설정하여 그를 악마로 만들고, 그 악마의 성공은 불길한 것이어야만 한다. 가해자를 설정하기 위한 상상만큼이나 피해자를 설정하는 상상도 치밀하게 이루어진다.

• 타일러 코웬

"모든 비판이 다 그런 것은 아니지만, 기업이 받는 비판 대부분은 기업의 본질적인 두 가지 속성 앞에서 그 힘을 잃는다. 하나, 우리가 즐기고 소비하는 것 대다수는 기업이 만든다. 또 하나, 그 사업이 우리에게 일자리를 준다. '번영'과 '기회'가 기업의 본질적인 속성이다."

기업이나 사업에 대한 지나친 경멸은 성공을 향한 탐욕에서 온다고 볼 수 있다. 기업은 우리가 구매하는 것을 생산하며,

우리는 거기에서 일자리를 얻는다. 기업가나 사업가에 대한 모욕을 반박하는 데 이보다 논리적인 말은 없을 것이다.

"기업가가 최소 투자로 최대 이익을 얻고자 한다고 해서 그들의 도덕성을 폄훼할 수는 없다. 이를 비판한다면, 우리가 물건을 구입할 때 신중을 기하는 것 역시 문제가 된다. 질투라는 죄가 우리 삶에 절어있는 것이 아니고서야, 기업가의 이윤 추구 경영을 나쁜 것으로 보아서야 되겠는가."

너무나 당연한 이 말을, 현대 경제학을 휘두르는 '질투의 정치'가 당연하지 않게 만든다. 물건을 싸게 구입하면 악한 것이고, 판매자에게 이익이 남는 방식으로 흥정 없이 구입하면 고귀한 것이 아니듯, 기업가가 기업을 통해 수익을 내는 것도 악이 아니다. 성공한 기업을 악으로 매도하는 태도는 '질투의 정치'가 이 생태계에 만연해 있음을 보여준다.

4장

지식 문제

• F.A. 하이에크

"지식은 본질적으로 흩어져 있다. 따라서 질서를 유지하는 임무를 맡은 권력에게 모아서 전달될 수 없다."

20세기 사상사에 미친 하이에크의 공헌을 하나의 인용구가 다 담지는 못하지만, 그의 사상을 가장 훌륭하게 정의한 말을 꼽으라면 '지식 문제'의 기본 개념을 담은 이 말이라 할 수 있다. 하이에크는 인간 행동에 대한 미제스의 개념을 토대로, 본질적으로 어떤 중앙 권력도 개인에게 분산된 지식을 완전히 모을 수 없으며 따라서 중앙 권력이 이루는 최적의 번영은 불가능하다고 말했다. 이는 국가주의의 허상을 들추는, 자유와 번영의 사회를 추구하는 이가 절대 잊어서는 안 되는 말이다.

4장 | 지식 문제 **061**

• 조지 길더"자본주의의 핵심은 지식과 권력의 일치이다. 지식이 분산되어 있다면, 권력도 그래야 한다."

길더는 하이에크의 논지를 가장 명료하게 정리했다. 지식을 중앙 통제하려는 집단주의는 끔찍한 경제적 결과를 낳고, 권력을 하나로 모으려는 시도는 파괴만을 낳는다.

• 프레데리크 바스티아"나쁜 경제학자와 좋은 경제학자의 차이는 단 하나이다. 눈에 보이는 효과만을 고려하는가, 보이는 효과와 더불어 예측되는 효과도 고려하는가."

경제학 공부를 처음 시작했을 때의 나뿐만 아니라 많은 이들을 매료시킨 유명한 말이다. 바스티아는 이 말을 하기 위해 '깨진 창문 이론의 오류(깨진 창문을 수리하면 사회 전체적으로 이득이 된다고 생각하는 이론. 그러나 바스티아는 여기에, 창문 수리에 들어가는 보이지 않는 비용을 고려하지 않은 오류가 있다고 주장한다.)'를 설명했다. 그의 말에 따르면, 좋은 경제학은 피상적인 것을 넘어 그 이상의 것을 봐야 한다. 나쁜 정책이 좋게 보일 수도 있고, 좋은 정책이 나쁘게 보일 수도 있다. 좋은 경제학은 눈에 뻔히 보이는 것을 초월한다. 그리하여 합리적인 경제 정책과, 무지하고 심지어 위험하기까지 한 정책을 분리할 수 있도록 돕는다.

• 헨리 해즐릿

"경제학은 어떤 행위나 정책의 즉각적 효과가 아니라 장기적인 효과를 지향하며, 행위나 정책의 결과를 추적하는 데 사용된다. 이는 한 집단뿐만 아니라 모든 집단을 위한 것이다."

예리한 독자라면 이 말이 바스티아가 앞에서 한 말과 거의 일치한다고 생각했을 것이다. 그렇다. 해즐릿은 바스티아가 설명한 '깨진 창문 이론의 오류'를 다듬어 전달하고, 우리가 경제학적으로 잘못된 생각을 어떻게 이해해야 하는지 그 틀을 제공한다.

• F.A. 하이에크

"자유란, 개인적 노력을 가로막는 통제를 거절하는 것이다. 따라서 자유로운 사회는 가장 현명하다고 하는 통치자 한 사람의 생각보다 더 많은 지식에 열려 있다."

이 말을 여러 번 읽고 기억하라. 자유로운 사회에서는 모든 개인의 지식이 충분히 활용되고, 억압 없이 통용된다. 이는 기적과도 같다. 자유롭고 개방적인 시장이 향유하는 지식을 중앙이 통제하는 망가지고 잘못 적용된 지식으로 대체하려는 시도는 이해할 수 없는 일이며, 현대 사회의 죄악이라고도 말할 수 있다.

————————— "우리가 물어야 하는 기본 질문은 '무엇이 최선인지'가 아니다.
• 토머스 소웰 '무엇이 최선을 결정하는가'이다."

　자유 경제 체제를 지지하는 이들은 시장 경제에 '완벽'이란 없다고 생각한다. 불완전한 의사 결정이 있다는 것을 인정해야, 가장 올바른 답을 낼 수 있다고 여겨지는 이에게 일을 맡길 수 있기 때문이다. 불완전하지만 더 나은 결정이 나쁜 결정보다 낫다. 그리고 그 결정에 책임을 지는 것이 결정만 하고 책임은 지지 않는 것보다 낫다. 모든 것을 통제하지만 이해관계가 없는 제삼자, 아무도 명시적으로 믿는다고 하지 않지만 암묵적으로 있다고 생각하는 그 존재에 대한 믿음을 버려야 한다. 우리가 불완전한 의사 결정의 불가피함을 받아들일 수 있다면, 누가 결정을 할 것인지를 정하는 것은 쉬워진다.

————————— "우주는 점으로 가득하기 때문에 점을 알맞게 연결하기만 하면
• 러스 로버츠 무엇이든 그릴 수 있다. 중요한 것은, 그 점의 존재를 아는 것이
아니라 점이 있다는 사실을 무시하기로 한 이유를 생각해 보는

것이다."

정말 심오한 통찰이다. 중앙 통제를 지지하는 이들이 사회 통제의 수단으로 지식에 접근하는 길을 막는 것은, 그들에게 중요한 것을 분별하는 능력이 없음을 의미한다. 지식은 전체를 보고 미지의 영역을 더 확장해 나간다.

• F.A. 하이에크

"경제학의 흥미로운 역할은, 무엇인가를 설계할 수 있다고 생각하는 이들에게 그들이 얼마나 무지한지를 알려주는 것이다. 질서를 의도적 배열의 결과라고만 생각하는 순진함은 복잡한 상황에서 결정을 분산하면 미지의 부분에 효과적으로 대응할 수 있다는 사실, 권한의 분리가 전체 질서의 가능성을 확장한다는 사실을 보지 못하게 만든다. 힘을 분산하면 더 많은 지식이 기능한다."

자신이 많은 것을 알고 있다고 주장하는 이들, 그래서 자신의 무지를 일관되게 드러내는 이들이 이해관계가 없는 제삼자에게 경제의 통제권을 부여하자고 주장하는 이 모순적인 상황을 보라. 어쩌면 그들은 너무 확신에 찬 나머지 스스로 무능력하다는 사실을 깨닫지 못하는 건지도 모른다.

• F.A. 하이에크 "나는 거짓일 가능성이 높지만 정확해 보이는 지식보다, 불완전하고 예측할 수 없지만 진실을 담은 지식을 선호한다."

포괄적 의미에서 '완벽한 지식'은 없다. 자유롭게 활동하는 개인은 오히려 이 사실을 충분히 알고 움직인다. 그러나 경제를 통제하려는 집단은 '정확함'이라는 것을 가정하고 행동한다. 이 결정의 대가는 우리의 몫으로 돌아올 뿐이다.

• 피터 J. 뵈케 "공공 정책의 영역에서, 편법이 아닌 원칙을 지키려는 자세는 중요하다. 편법이 당연해지면 원칙을 지켰을 때 발생하는 유익한 결과를 무시하게 된다. 이는 공공 정책 전반을 과소평가하는 결과로 이어진다. 편법은 그럴듯하지만, 뒤에서 헛된 비용을 소비한다."

제대로 알지 못하면 당연히 편법을 사용하게 되고, 옳은 일이 아니라 쉬운 일을 하게 된다. 이 과정에서 얼마가 더 소비되는지는 드러나지 않는다. 이는 원칙을 지킬 줄 모르는 이에게 통제권이 주어졌을 때 반드시 발생하는 일이다.

• F.A. 하이에크

"지식 중에는 중요하지만 조직화되지 않은 것들이 있다. 주로 특정 시간과 장소에 대한 것이 그렇다. 따라서 개인은 스스로의 결정과 다른 이들과의 협력을 통해서 자신이 가진 중요하지만 조직화되지 않은 지식을 사용해야 한다."

이것은 지식에 대한 깊은 차원의 이해이자, 경제적 문제에서 지식이 가진 특수성에 대한 이해이기도 하다. 개인이 처한 맥락에 따른 지식의 독특함을 무시하고 중앙에서 결정을 내린다는 것은 부적절하며 열등하다. 개인은 다양한 과정을 통해 많은 결론에 이를 수 있다. 지식을 가진 개인의 결정이 아무것도 모르는 이의 중앙 통제적 결정보다 우월하다.

• 나심 탈렙

"확률은 단순 계산이 아니다. 그것은 우리가 가진 지식에서 확신의 결여를 받아들이고, 우리의 무지를 다루는 방법이다."

개인의 직접적인 이해관계는 동일한 상황에 각기 다른 인식을 부여한다. 그렇기에 개인적 맥락에서 지식은 더 복잡하게 사용된다. 개인이 자신의 맥락에서 알고 있는 것을 집단은 알 수 없으며, 이는 곧, 개인이 집단을 대표하는 행위자보다 예측 불가의 상황에 더 잘 대처할 수 있다는 의미이다.

• F.A. 하이에크

"개인의 자유는 우리의 목적과 복지를 달성하는 데 필요한 것을 전부 알 수는 없다는 인식과 관련이 있다. 개인이 아는 것은 너무나도 적고, 특히 우리 중 누가 가장 잘 알고 있는지도 확신할 수 없기 때문에, 경쟁적인 각자의 노력을 신뢰하고 그것이 적재적소에 발휘되길 바란다. 인간의 자긍심에 상처가 되는 말일 수도 있지만, 사실 문명의 진보와 유지는 우연하게 발생하는 가능성에 의존하고 있다는 것을 알아야 한다."

시장에 대한 다양한 지식이 결합해 우리에게 혜택으로 돌아온다는 것 자체가 이미 기적이다. 국가는 더 나은 사회를 만들거나, 더 나은 사회를 만들기 위한 동인을 제공하기에 부족하다. 그러나 시장은 다양한 개인의 지식을 통합할 수 있고, 자율적으로 움직이기 때문에 우리의 삶을 더 나아지게 한다.

• F.A. 하이에크

"자신이 가진 지식의 한계를 아는 것이 겸손이다. 겸손은 한 개인이 폭군이 되지 않도록 할 뿐만 아니라, 사회를 통제하고자 하는 모든 시도로부터 그를 멀어지게 한다."

지식이 부족하지만 자신이 그렇다는 것을 알지 못하는 이에게 통제권을 줬을 때 폭정으로 이어진다. 이와는 반대로, 인

간 행동에 내재된 지식과 노력을 고루 사용하도록 할 때 자유와
번영이 이루어진다.

5장

가치 및 가격 발견

• 토머스 소웰

"가격이 중요한 이유는 돈 때문이 아니다. 단편적인 지식이 방대하게 연결되는 사회에서 해당 정보의 가치를 빠르게 알려주는 효과적인 수단이기 때문이다."

자유 경제 체제에서 중요한 개념인 '물가'를 이해하면, 가격을 바꾸기 위해 국가의 힘을 사용해선 안 된다는 것을 알게 된다. 임금 통제, 물가 통제, 금리 조작은 모두 경제를 왜곡한다. 이는 기업가들에게 잘못된 정보를 전달하고, 자원을 할당하거나 위험을 대비하는 데에도 문제를 일으킨다.

• F.A. 하이에크

"부의 창출은 단순히 물리적 과정이 아니며, 인과관계로 설명할 수도 없다. 이는 서로 다른 수백만 명의 상호작용으로 결정되며, 그 결정이 반영된 것이 가격이다. 이렇게 설정된 가격은 미래의 결정을 위한 기준으로 기능한다."

겸손한 사람은 가격 책정의 복잡한 과정을 인정하지만, 교만한 사람은 그렇지 않다. 상품과 서비스의 가격은 전지전능한 존재의 도움 없이도 우리에게 정보를 준다. 통제된 경제 제도에서는 가격을 결정하는 자격을 가진 이가 내린 결정을 당연하게 믿겠지만, 이 경우 정보를 얻기란 불가능한 일이다.

• 카를 멩거

"가치는 상품에 내재된 것도, 상품의 속성도 아니다. 그렇다고 독립성을 띄지도 않는다. 어떤 재화는 절약하는 삶을 사는 사람에게는 가치가 없지만, 다른 이에게는 의미 있을 수 있다. 가치 측정은 극히 주관적이므로, 모든 것에 각자 다른 가치가 생긴다. 가치의 차이는 그 재화를 필요로 하는 정도와 가용 재산에 따라 달라질 것이다. 누군가는 별것 아니라고 생각하는 것이 다른 이에게는 인정받는 경우도 있고, 누군가에게 필요가 없어 버려진 것을 다른 누군가가 가져가서 쓰는 경우도 있다."

자유 시장 경제를 지지하는 이들에게 가치의 주관성은 협상의 대상이 아니다. 가치를 어떤 객관적 표준에 묶어버리면, 불필요한 중재자를 세우는 것과 마찬가지다. 가치의 주관성은 논리와 설득력을 갖기 위해 필요할 뿐만 아니라 더 나은 삶을 위한 자유로운 교환이 일어나도록 하기 위해서도 필요하다.

• F.A. 하이에크

"어떤 사실에 대한 지식이 여럿에게 분산되는 체계에서는 가격이 이런 개별적인 차이를 조율하는 역할을 한다. 이는 주관적 가치가 사람들이 각자의 계획을 세우는 데 도움을 주는 것과 같은 방식으로 작용한다."

어렵게 느껴질 수 있지만 간단하게 말하면 이렇다. 사람들이 가진 지식을 하나로 모아놓고 볼 수는 없지만, 지식이 집단적으로 반영되는 가격을 통해 이를 알 수 있다. 가치는 주관적이지만 동시에 지식의 총합을 반영하기 때문이다. 가격이 보여주는 것을 왜곡한다면 우리가 가진 지식, 즉 경제 행위자들의 결정을 무시하는 꼴이다. 다시 말해 가격의 발전은 경제적 자유와 효율의 필수 조건인 것이다. 빨리 망하고 싶은가? 가격을 통제하면 된다.

"수요와 공급은 막대의 양 끝이다. 이 막대의 균형점이 가격이 며, 여기에서 수요와 공급이 조율된다."

수요와 공급의 법칙, 그리고 이 두 가지 요소가 어떻게 가격에 영향을 주는지를 이보다 더 간단하게 설명할 수는 없을 것이다. 가격은 한 지점에 머물러 있지 않는다. 가격은 공급과 수요가 만나는 곳에서 생기며, 이 둘은 필연적으로 항상 움직이기 때문에 가격 역시 항상 변한다.

"상품의 가치와 거기에 들어간 노동력과 재화 사이에는 필수적 이고 직접적인 연관성이 없다. 비경제적 재화 중에서도 예를 들어 원시림에 있는 목재 등은 노동력을 투입해 기른 것이 아니라는 이유로 가치가 그다지 높지 않지만, 다이아몬드는 그런 것에 관계없이 높은 가치를 갖는다. 일반적으로 실생활에서 상품의 가치를 추정할 때 상품의 기원을 묻는 사람은 없다. 사람들은 오직 상품이 제공할 서비스만을 고려한다. 따라서 생산에 필요한 노동량이나 그 밖의 생산 수단의 양은 재화의 가치를 결정하는 요소가 될 수 없다. 물론 재화의 가치와 생산 수단의 가치를 비교해보면 재화의 생산이 적절했는지, 또는 경제적이었는지를 알 수 있다. 그러나 그것이 가치 결정에 반드시 필요하거나 직접적인 영향을 주지는 않는다."

오스트리아학파를 창시한 이의 말이다. 자유 시장 경제를 지지한다면, 우리가 말한 가격 발견 방식에 가치를 두고 노동 가치 이론을 반박해야 한다. 멩거의 말은 자유 시장 경제를 지켜냈다. 재화 (및 그와 관련된 용역)에는 사용자에게 이익이 되는 가치가 들어있다. 가격은 이 가치를 측정하여 보여주는 것이다. 자유 시장 경제에서는 가치가 곧 가격이다.

• 조지 길더

"가격의 움직임을 이해하기 위해서는 시장 전체의 파장을 측정하는 오실로스코프가 아니라, 모든 기업의 기본이 되는 창조의 과정과 가격 설정 과정을 조사하는 현미경이 필요하다."

가격 결정은 아래로부터 이루어진다. 이런 의미에서 가격은 사회에 널리 퍼진 힘이다. 반대로 하향식 가격 규제는 가격에 영향력을 행사한다 한들, 가격이 미치는 여러 가지 효과, 창의성을 유발하는 수백만 개의 복잡하게 얽힌 특징까지 완전히 통제할 수는 없다. 가격 설정 과정이 순수하게 이루어질수록 시장의 다양한 모습을 보여주는 더 중요한 신호가 된다.

6장

사익 추구

• 애덤 스미스

"우리의 저녁 식사는 정육점 주인, 양조장, 제빵사의 자비에서 오지 않는다. 그들도 이익을 추구하기 때문이다. 우리는 그들의 인류애가 아닌 자기애에 호소하고, 우리가 무엇이 필요한지를 말하는 것이 아니라, 그들이 무엇을 얻을 수 있을지를 이야기할 뿐이다."

위대한 도덕 철학자인 애덤 스미스의 너무나 유명한 말이다. 이 글에 담긴 시장 경제의 핵심은, 사람들이 자신의 이익을 위해 행동한다는 사실이다. 이는 이윤을 만들어내는 행위의 근원이며, 자유 기업 체제의 상식적인 바탕이다. 다른 사람에게는 이익을 주지 않으면서 혼자만 이익을 얻을 수는 없다. 사람들은 원하지 않거나 필요하지 않은 것에 돈을 지불하지 않는다. 이 원칙에서부터 상호 협력, 자유 시장 경제, 그리고 궁극적인 부의 창출이 시작된다. 그리고 결과적으로, 자유로운 기업이 만들어내는 기적을 볼 수 있다.

• 매튜 서머스

"이익은 무시할 수 없는 인간 행동의 동기이다. 모든 행동은 이익을 추구한다. 책을 읽는 것, 구멍을 파는 것, 눈을 깜빡이는 것 모두 덜 만족스러운 상태를 더 만족스럽게 하기 위한 기대에서 비롯된다. 이익을 추구하지 않아야 할 이유는 무엇인가? 이익 추구를 비판하는 것은 이익을 추구하지 않는 행위가 있다는 오해로부터 시작된다. 그러나 물질적인, 혹은 사적인 이익이 아닌 다른 것을 추구하는 경우도 있다. 타인의 이익을 나의 이익처럼 기뻐하거나, 어떤 다른 이유로 이익을 추구하지 않는 것처럼 보일 수도 있다. 분명한 것은, 이런 경우에도 행위자는 자신이 하는 일에서 무언가를 얻을 수 있다고 기대한다는 사실이다."

이 기본 개념이 완전히 이해되고 정착한다면 경제학에 대한 논의 전체가 상당히 개선될 것이다. 어떤 목적과 의도에 국한한다면 이익을 '금전적인 것'으로만 볼 수도 있겠지만, 인간 행동에 대한 이해가 전제되면 이익을 '경제적인 것'으로 해석할 수 있다. 이익 추구는 행동적인 면과 심리적인 면에서 자선을 행하게 하고, 이타적인 자기 계발을 이끌어내는 인간의 대의이다.

• 유발 레빈

"인정받고자 하는 열망에서 '자존심'이 기인한다는 사실은 문명화된 삶을 살기 위해서 우리의 열정과 동물적 욕구를 조절할 도덕 교육이 필요함을 역설한다. 도덕 교육은 사회 질서와 개인 자제력의 시작이며, 이를 통한 순응과 공통된 사회 규범의 필요성에 대한 최초의 자극이다."

자유 시장 경제에서 도덕이 필요하다는 것은 인간 본성과는 상충되는 말이다. 그러나 인간은 도덕적 진보를 통해 더 많은 이익을 얻고, 더 많은 것을 발전시킬 수 있는 규범과 제도를 세운다. 인간이 본능을 절제하면 덕을 베푸는 행위가 더 큰 번영으로 이어지는 사회 질서를 만들 수 있다.

• F.A. 하이에크

"이익 추구를 경멸하는 것은 무지의 소산이다. 스스로 적은 부에 만족하기를 선택한 금욕주의자를 존경할 수 있지만 그러한 삶이 타인의 이윤에 제재를 가하는 방식으로 강제된다면, 이는 이기적인 것이다."

이익을 추구하려는 동기를 거부한다는 이들, 물질적으로 겸손하기 위해 노력한다는 이들, 부유함보다는 아름다움이 중요하다는 이들이 다른 이들에게도 자신의 주장을 강요할 만큼 대담하다는 사실은 때로 우리를 괴롭게 하기도 한다. 스스로 선택한 미덕의 지표를 다른 사람에게 강요하는 것은 결코 고상한 일도, 의로운 일도 아니다.

• 루트비히 폰
미제스

"자본주의를 폄하하고 이와 싸우려는 이들마저도, 자본주의가 상품의 형태로 나타났을 때에는 이를 열정적으로 추구하며 경의를 표한다."

모순된 이야기지만 사실이다. 커피 장인이 내려주는 커피를 마시는 소위 얼리어답터가 800달러짜리 스마트폰으로 6,000억 달러의 가치를 가진 소셜 미디어에 접속하여 자유 시장 경제의 폐단을 외치는 우스꽝스러운 일이 실제로 벌어지고 있다.

• 막스 베버

"자본주의는 비합리적 충동에 대한 억제 혹은 이성적 단련과 같다. 자본주의는 지속적이고 합리적인 사업을 통한 이윤의 추구, 그리고 그 이윤이 계속 새로워지는 과정이다."

기업의 핵심이 이윤 추구라는 것을 부정할 수는 없다 (자유롭고 도덕적인 사회에서 사적 이익은 단지 경제적 이익만을 말하지 않는다). 그러나 이윤을 추구하는 과정에서 충동을 조절하고 문명화된 선택을 하는 것도 바로 이 과정에 포함된다는 사실을 알아야 한다. 질투하거나 무지한 이들은 이윤 추구를 잘못이라 비난한다. 하지만 이윤은 게으름과 무관심이 아닌, 끈기와 노력의 과정을 통해 만들어진다.

"부자라고 가난한 사람들보다 더 많은 것을 소비하진 않는다. 인간의 타고난 이기심에도 불구하고 그들은 가난한 사람들과 부의 결과를 나눈다. 그들은 보이지 않는 손에 이끌려 지구의 자원이 모든 사람에게 동일하게 분배되는 상황을 가정하여 삶에서 필요한 것을 나눈다. 의도하지 않았더라도, 이를 통해 사회적 이익을 증진하고, 인구 증가의 수단을 제공한다."

죄 많은 인간의 본성은 자유 시장 경제를 지지하는 이들에게도 있다. 그렇기에 이들은 시장 경제가 인류의 타락을 막을 수 있다고 말하지 않는다. 오히려 시장 경제 체제가 인간의 타락한 본성을 가장 잘 길들일 수 있다는 표현을 쓴다. 기업가가 개인의 행복보다 집단의 행복을 더 중요하게 여긴다고 말하기보다,

개인에게 좋은 것은 곧 집단에게 좋은 것과 연결되어 있다고 주장한다. 생산자와 소비자 사이의 자유로운 교류를 중심으로 하는 이 체제는 이제까지 등장한 그 어떤 것보다 역사상 가장 협력적일 것이며, 상호 이익을 창출할 것이다.

• 조지 길더

"부유한 이들이 늘어나는 것이 성공한 경제다. 이는 새로운 기업을 만들어 이윤을 창출하고 재투자하기 위해 편안하고 쉬운 길을 버리고 위험을 감수하는 이들을 얼마나 키워내는지에 달려있다."

이윤의 추구가 경제 체제에서 어떤 것을 의미하는지, 경제적 순환의 잠재력이 무엇인지를 말하려면, '이윤을 추구하고자 하는 동기'와 사람들이 흔히 경멸적으로 말하는 '사적 이익' 모두 위험을 감수하고 있다는 사실을 잊어서는 안 된다. 자신의 이익을 채우려는 이들에게도 공짜 점심은 없다. 이윤 추구를 위해 행동하는 사람들도 위험을 감수한다. 이를 제대로 안다면 이윤 추구에 대한 악마화가 조금 덜해질지 모른다. 사실 그 악마화는 애초부터 틀린 것이지만 말이다.

"인간이 아무리 이기적이라 해도, 그 본성에는 분명히 몇 가지 원칙이 있다. 그중 하나는 타인에게 관심을 갖는 것, 어떤 것도 얻을 수 없지만 타인의 행복을 필요로 하는 것이다."

사적 이익을 추구하는 것이 물질적이고 천박하며 사치스럽다는 단순한 생각은 계급에 대한 반감을 불러오기 쉽다. 그러나 이런 생각은 인간 본성의 복잡함과 타인을 위해 헌신하는 이들이 있다는 사실을 무시하는 것이다. 도덕적 양심에 따라 이타적인 행동을 하는 이들 역시 개인의 목표로는 물질적 이익을 추구할 권리가 있다. 그래서 기업을 움직이는 동기를 논할 때 개인의 목표까지 싸잡아 이윤 추구라고 해석하는 것은 지나치게 단순하고 솔직하지 못한 탁상공론에 불과하다. 인간 행동 연구는 이타적 행동에서 생기는 보람이 가져올 긍정적 효과에 대한 충분한 가능성을 보여준다.

"높은 이윤만큼 국가의 번영과 행복에 크게 기여하는 것은 없다."

시장 경제 체제에서는 이윤의 추구가 성공과 생산성 증진의 원동력이라 할 수 있다. 그리고 실제로, 이윤 추구를 적절하게 이해하고 행하는 인간의 행동은 놀라운 생산성을 자랑한다.

그러나 이것이 국가에 어떤 의미인지를 고찰하기보다 단순히 얼마의 이익을 만들어냈는지를 따진다면, 이는 경제학의 실패다. 국민 개인의 노력으로 큰 이윤을 창출하고 있는 국가들은 더 높은 세금, 더 다양한 연구 개발, 더 나은 공공 서비스, 더 많은 자선, 더 큰 행복과 풍요로운 삶을 누리고 있다. 이것이 시장 경제 체제의 국민이 국가에 가져오는 번영이다.

7장

정부 지출 및 부채

• 유발 레빈

"무책임한 재정의 대가는 엄청난 위험이라기보다 미래의 성장과 지출에 생기는 제약이다. 정부의 부채가 증가하면 이를 해소하기 위해 납세자들에게 부담을 주게 되고, 입법기관에도 영향을 미친다. 다시 말해, 부채와 이자는 국방, 복지, 연구, 국가의 긴급한 대응을 필요로 하는 일에 지출 능력을 극심하게 떨어뜨려서 경제 발전에도 큰 제약이 된다."

개인 입장에서 부채, 특히 가볍게 쓰는 정도의 부채는 단기적으로 보면 큰 문제라고 느껴지지 않는다. 정부가 가진 부채도 마찬가지다. 우리는 부채를 마치 오늘 무너질 일은 없는 댐인 것처럼 생각한다. 그러나 부채가 문제가 되는 가장 큰 이유는

'우리의 성장 유연성을 저해하기 때문'이다. 내년에 받을 상여금을 기대하며 집안을 새로운 가구로 가득 채우면, 순자산을 키울 기회는 날아간다. 이와 마찬가지로 우리가 낼 세금이 정부가 진 부채 상환에 쓰이는 상황은 경제 성장에 수갑을 채우는 것과 같다. 이는 수학적으로도, 직관적으로도 명백한 사실이다.

━━━━━━━━━━ "사람들은 나랏돈을 쓰고 싶어한다. 그러나 그 돈이 모두의 세
• 프레데리크   금이라는 것은 잊는다."
  바스티아

국민으로부터 세금을 받지 않으면 국가에 돈이 있을 수 없다는 것을 빨리 깨달았다면, 무조건적인 복지에 대한 생각도 일찍 달라졌을지 모른다. 세금을 걷어서 재원을 마련하든 부채를 진 후에 이를 세금으로 충당하든, 결국 정부가 지출하는 돈은 당연히 민간으로부터 나온다. 극단적 무정부주의자를 제외하면, 사람들은 정부가 정당한 이유를 바탕으로 돈을 써야 한다고 생각한다. 그렇다면 일단 얼마의 세금을 징수할 것인지가 정부 지출 계획의 기본 전제임을 인정해야 한다. 그렇게 해야 더 정직하고 유용한 대화를 할 수 있다.

• 헨리 해즐릿

"자연이 주는 선물을 제외하고, 우리가 얻는 모든 것에 대가를 지불해야 한다. 그러나 일부 경제학자는 공짜로 무언가를 얻는 일에 몰두한다. 그들은 정부는 스스로 부채를 지고 갚을 수 있기 때문에 세금을 걷지 않아도 된다고 주장한다."

정부가 돈을 써서 무슨 일을 해야 하는지 언급하자면 하루로는 부족하다. 정부의 손익계산서를 보며 적절한 지출이었는지도 따져볼 수 있다. 그러나 정부가 돈을 계속 써도 문제가 없을 것이라는 생각은 '공짜 점심'을 믿는 어리석고, 지나치게 순진한 경제적 무지이다. 정부의 과도한 지출은 성장 부진과 무거운 세금, 경쟁력 저하를 가져온다. 대가 없이 얻을 수 있는 것은 없다. 모든 것에는 항상 대가가 있다는 진실을 결코 잊어서는 안 된다. 공짜 점심은 없다.

• 아트 래퍼 박사

"정부가 돈을 지출하는 것이 나쁘다는 말이 아니다. 하지만 공짜 점심은 없다. … 빠진 치아를 선물로 바꿔주는 요정은 없으며, 산타클로스는 재무부 직원이 아니다. 누군가를 어려움에 빠뜨리지 않고 다른 이를 구해내는 것은 불가능하다."

세상에 단 두 개의 농장이 있고, 한쪽의 농부는 실업급여를 받고 있다고 가정해 보자. 그렇다면 그 실업급여의 재원이 다른 농장 농부의 노동에서 온 것이라는 말이 쉽게 이해되지 않는가? 래퍼 박사가 한 강연에서 청중에게 한 질문이다. 재미있는 이야기다. 이해하기에도 어렵지 않다. 그러나 실제 우리가 사는 사회에서는 이 명백한 사실을 놓치고 만다. 정부의 지출은 누군가로부터 얻은 것이다. 그렇기에 정부가 하는 지출은 굳이 정의하자면 재분배이다. 물론 적절히 지출해야 할 부분은 있다. 그러나 공짜 점심이 누군가가 지불한 대가라는 것을 이해하지 못한다면, 이는 최악의 응용경제학적 사고를 하는 셈이다.

—————— "임시적 정부 정책만큼 영구적인 것은 없다."
• 밀턴 프리드먼

이 말을 이해한다면 정부 지출을 보다 쉽게 이해할 수 있을 것이다. 의회가 지출 관련 법안을 처리하는 과정에서 겪는 어려움은 어떤 정책을 취소하는 것이 쉽지 않다는 것이다. 이는 정책 자체가 가진 문제인데, 어떤 정책이 결정되면 반드시 수혜자가 있기 때문이다. 관료나 로비스트, 혹은 비열한 방법으로 이득을 얻는 이들이 수혜자가 되기도 하지만 유권자들이 수혜자가 되는 경우도 있다. 정부 정책을 정의하면, 어떤 형태로든 누군가의 돈을 가져다 다른 누군가에게 주는 방식이 되는데, 유권자가 수혜자인 경우에는 그 정책을 멈추기가 어렵고, 수혜자들이 그것을 멈추도록 놔두지도 않는다.

"250년의 미국 역사 속 정치인들은 인플레이션이나 높은 이자, 혹은 금본위제에 대한 불신 등의 이유로 예산을 보수적으로 편성해 왔다. 그러나 그들이 당면할 진짜 위기는 내년에 있을 인플레이션이 아니라 그들이 은퇴한 후 20년간 내야 하는 높은 세금이라는 사실을 알았다면 어땠을까?"

이 도발적인 통찰은 정부 지출과 관련하여 대중에게 겁을 주는 방식이 인플레이션에 초점을 맞추고 있다는 것을 보여준다. 1980년대 중반부터 최근까지 인플레이션은 합리적으로 억제되었으며, 금리는 40년간 하락했다. 가중되는 인플레이션과 금리 상승이 결국 파멸을 가져올 것이라는 전제 자체가 잘못임이 드러나면서 정부 지출에 대한 대중의 무관심이 이를 키웠다는 목소리가 터져나왔다. 정부의 과도한 부채에는 대가가 있다! 우리에게 공짜 점심이 없다는 사실을 확실히 하려면 대가를 톡톡히 치러야 한다. 더 높은 세금과 낮은 성장, 이것이 폭주하는 정부로 인해 우리가 치러야 할 대가다.

"오늘날 경제를 살리려면 저축을 줄이고 국가적 규모의 대대적인 소비를 해야 한다고 하는 '뛰어난' 경제학자들이 있다. 누군가 그들에게 이러한 정책이 장기적으로 가져올 결과를 묻기라도 하면, 마치 엄중한 아버지의 경고를 무시하는 탕자처럼 '어차피 인간은 결국 죽습니다' 식의 가벼운 대답을 내놓는다. 이런 경제학자를 지지하는 이들은 재치를 가장한 이 천박한 언사를 마치 깊은 지혜가 담긴 격언처럼 여긴다."

해즐릿이 비판하는 것은 당연히 케인즈다. 사회가 자원을 적절히 배분하기 위해서는 저축을 악으로 여겨서는 안 된다. 저축 없이는 투자가 없고, 투자 없이는 미래가 없기 때문이다. 마찬가지로 장기적 부채에 경각심이 있다면 자원을 적절하게 관리해야 한다. 장기적 부채가 중요하지 않은 사람들은 미래 세대를 생각하지 않는 이들뿐이다. 나는 그런 사람에게 다정한 말을 해줄 수 없다.

"의회가 술 취한 선원처럼 돈을 쓴다는 말은 사실이 아니다. 술 취한 선원은 자기 돈을 쓰지만, 의회는 우리의 돈을 쓰기 때문이다."

재치 있는 비유이면서, 반박할 수 없는 사실 그 자체다. 자기 돈을 흥청망청 쓰는 것도 문제일 수 있지만 남의 돈을 그렇게 쓴다면 이는 명백한 문제이다.

8장

자유무역

• 프레데리크
바스티아

"보호무역은 특정 상품에만 영향을 주지만, 그 악영향은 대중 전체에 미친다. 전자는 눈에 보이기 때문에 바로 알 수 있지만 후자는 면밀하게 조사하지 않으면 알 수도 없다."

이것이 보호무역의 문제점이다. 보호무역이 가져오는 이득은 쉽게 알 수 있다. 그러나 이로 인해 어떤 영향이 발생하는지를 알기 위해서는 추가적인 조사가 필요하다. 조사를 한다고 해서 보호무역이 불러오는 피해가 줄어들지도 않으니 문제인 것이다.

• 짐 파월

"평화가 유지될 수 있었던 이유는 간섭하지 않는 외교 정책 때문이다. ⋯ 이로 인해 인력, 재화, 자본의 유례없는 자유로운 이동이 가능했다. ⋯ 무역의 확대로 국가 간 공급자-소비자 관계가 만들어지며 서로가 지속적으로 함께 번영했다. 자유무역은 평화를 보장하지는 않았지만 어떤 정책보다도 전쟁의 위험을 줄였다."

이 멋진 말에 담긴 의미가 중요하다. 무역을 하는 국가끼리도 서로를 좋아하지 않을 수 있다. 그러나 무역으로 인해 전쟁과 폭력의 위험은 기하급수적으로 감소한다. 자유무역이 무조건적인 평화를 보장하지 않는다고 해서 전쟁과 폭력의 위험을 감소시키는 데 기여하는 자유무역의 역할을 무시할 수는 없다. 인류 역사상 어떤 정책도 자유무역만큼 국가 간의 폭력을 줄이지는 못했다.

• 리처드 코브던

"모든 사람은 자기 노동의 결과를 다른 이들의 노동의 결과와 자유롭게 교환할 수 있다. 이는 권리이자 영원한 정의이다. 다른 모든 계층을 희생시켜 한 집단만 보호하는 관행은 불건전하며 정당화될 수 없다. 자본을 제한 없이 사용하는 데 장애가 되는 모든 것을 타파하여 자유무역이 가진 진실하고 평화로운 원칙을 추구하라."

오늘날 보호무역은 민감한, 어쩌면 경제에 부정적인 영향을 미칠 수 있는 문제이다. 코브던은 자유무역을 진심으로 반대하는 자들의 논리, 즉 다른 부분을 희생하더라도 공동체를 보호해야 한다는 것에 비판의 초점을 맞춘다. 이러한 '보호주의'가 온정적으로 보이는 매력이 있지만 경제학적으로 중요한 부분을 놓치고 있다는 것이다. 자유무역에 반대하는 이들은 보호무역의 장기적인 영향을 간과하고 있다.

• 밀턴 프리드먼

"완전한 자유무역은 정치적으로 실현 불가능하다. 왜냐하면 자유무역은 일반의 이익일 뿐, 특정 집단의 이익을 대변하지 않기 때문이다."

이는 경제적인 동시에 정치적인 발언이기도 하지만, 실제로 자유무역을 반대하는 경우의 논리는 대부분 특정 집단의 이익에 기반한 경우가 많다. 어떤 국내 기업이 타 국내 기업과 외국 기업의 거래를 차단한다면, 국내의 경쟁자를 해치려는 의도가 다분한 것이다.

"자유무역은 상호 번영을, 보호무역은 빈곤을 초래한다는 역사의 교훈은 너무나 명백하다. 무역을 위해 국경을 개방해서 더 가난해진 사례는 단 한 건도 없다."

자유무역에 대한 현대의 정치적, 문화적 논쟁은 국경을 개방하는 나라에 미치는 영향에 초점을 두지 않는다. 자유무역을 반대하는 이들조차 국경을 개방하는 나라가 더 부유해질 것이라는 사실을 알고 있다. 자유무역과 보호무역 사이의 논쟁은 리들리가 말하는 '상호 번영'을 둘러싸고 일어난다. 예를 들어, A국 내에서 제조하던 제품을 B국으로부터 수입하게 되었다고 하자. 상호 번영을 위해 A국이 자국 기업의 권리를 박탈하고 B국의 회사에 이득을 주는 것은 불공평하거나 부도덕한 일처럼 보인다. 그러나 사업을 잃을 위기에 처한 국내 기업을 살리자고 소비자들이 더 높은 가격 부담을 져야 한다는 식의 보호주의는, 결국 기업에서 소비자로 피해자를 옮길 뿐이다. 국내 소비자의 희생이 불 보듯 뻔한 상황이 되는 것이다.

국가 간 무역 협정은 충분한 논의를 바탕으로 체결된다(해당 논의는 국가끼리 거래를 하는 것이 아니라, 기업이 거래를 한다는 것을 이해하고 진행해야 한다. 그래야 기업의 요구에 부응하는 협상이 가능하기 때문이다). 협정은 국가 안보, 지적 재산권, 보건 및 복지를 위해 이루어진다. 따라서 자유무역은 협상하는 국가가 상호 번영을 추구할 수 있지만, 보호무역은 그렇지 못하다. 이를 부정하는 것은 시장 기능의 기본을 부정하는 것과 같다.

───────── "사랑은 지역적으로, 거래는 세계적으로."
• 러스 로버츠

　　'생각은 세계적으로, 행동은 주변에서부터'라는 말을 본 적이 있을 것이다. 이 말은 세계가 함께 번영할 수 있는 방향을 지향하면서 자신이 할 수 있는 작은 일을 하라는 의미이다. 로버츠는 이 말을 살짝 비틀었다. 우리에게 가까운 이들을 사랑하면 사랑을 돌려받는다. 하지만 낯선 땅에 있는 이들은 우리를 모르기 때문에 그들과 우리는 실질적인 사랑을 주고받을 수 없다. 헌신, 희생 없는 사랑을 말하는 것은 공허하고 상투적이다. '거래는 세계적으로' 하라는 로버츠의 말은 자유로운 교환을 의미한다. 국가 차원에서 서로 만족하는 거래를 해야 서로에게 이익이 생기고, 사람들은 가까운 사람을 사랑해야 의미 있는 관계가 형성된다. 그런데 이 논란의 여지가 없는 말에 이데올로기를 끌어와 왜곡하려는 경우가 있다.

• 프레데리크
바스티아

"사람들이 간과하는 것이 있다. 교환, 즉 상업적 거래는 상호의 존적이라는 사실이다. 우리가 어떤 나라에 의존한다는 것은, 반대로 그 나라도 우리에게 의존한다는 의미이다. 이것이 본질이다. 이러한 자연스러운 관계를 단절하는 것은 독립이 아니라 고립이다."

자유무역을 비판하는 사람들은 자유무역에는 승자와 패자가 있다는 주장을 펼친다. 그러나 자유무역을 제대로 이해한다면, 소비를 위한 새로운 시장이 등장함으로써 생산자에게는 기회를, 소비자에게는 선택의 다양성을 준다는 사실을 알게 된다.

• 밀턴 프리드먼

"민간이든 정부든, 독점은 소비자에게 큰 위험이다. 이를 막기 위한 효과적인 보호책은 자유로운 경쟁, 자유무역이다. 소비자가 구매하려는 것을 판매하는 기업이 많다면, 독점적 판매자에게 착취당하지 않는다. 다양한 선택지는 가장 효과적인 소비자 보호법이다."

많은 사람들이 소비자를 보호해야 한다고 주장한다. 이들은 공통적으로 자유무역의 핵심이 비교 우위를 통한 생산자 간 경쟁이고, 생산비 절감에서 오는 낮은 비용과 넓어진 선택권이 소비자에게 가장 큰 이익을 준다고 생각한다.

9장

정실(情實) 자본주의

• 새뮤얼 그레그
박사

"정실 자본주의는 시장 경제를 정치화한다. 정치적인 시장은 제품과 서비스의 경쟁력을 끌어올리지 않는다. 대신 경제적인 틀을 만드는 특정 집단에 국가가 의존하도록 만든다. 이렇게 되면 시장의 외형은 유지되지만, 그것은 결국 누군가의 이익만을 위해 움직이게 된다. 이런 의미에서 정실 자본주의는 재분배의 한 형태로 볼 수 있다. 부를 창출하고자 노력하는 이들에게 그 결과가 돌아가지 않고, 정치와 그에 결탁한 쪽이 이익을 얻기 때문이다."

그레그 박사는 정실 자본주의란 무엇인지 포괄적 정의를 내리고 이를 비판하여 그 실상과 해악을 드러냈다.

• 찰스 G. 코크

"정실 자본주의는 우리의 생활 수준 전반을 저하시키며, 특정 집단에게만 보상을 제공함으로써 기업을 억압한다."

정실 자본주의는 다양한 방식으로 경제를 망친다. 자원을 제대로 할당하지 못하고, 시장에 대한 신뢰를 떨어뜨린다. 냉소로 가득 찬 사회를 만들고, 마땅히 얻어야 하는 결과를 가로챈다. 이 중에서 하나라도 받아들일 만한 것이 있는가? 만약 있다면, 자유 시장 경제는 애초부터 필요하지 않았다는 뜻이 된다.

• 헨리 해즐릿

"정부가 기업에 대출을 해주거나 보조금을 주는 것은 성공하지 못한 사업자를 지원하기 위해 성공한 사업자에게 세금을 부과하는 것과 같다."

정부가 누군가에게 혜택을 준다는 것은, 다른 누군가의 권리를 가져다주는 것임을 잊어서는 안 된다. 정부는 저절로 보조금이 열리는 나무가 아니기 때문이다. 정부가 누군가에게 혜택을 주면 이로 인해 다른 이들이 영향을 받는다. 경제적으로 한쪽을 적극적으로 돕는 일은 다른 쪽에게 손해를 입히는 것일 수 있다.

"기업은 예외 없이 공개 경쟁의 규칙을 따라야 한다. 이는 기업을 건설적인 방향으로 이끈다. 이 규칙을 따르지 않으면 시장의 효율성과 제도의 공정성에 대한 대중의 신뢰가 하락할 것이다. 자본주의는 근본적으로 대중의 이익에 의해 움직이며, 정부와 기업이 서로 간섭하지 않는 것을 전제로 한다. 둘 사이의 경계가 모호해진다면 경제적, 도덕적 측면에서 심각한 문제가 발생할 수 있다."

정실 자본주의는 곤경에 빠진 이들이 아니라 부유한 이들에게 보상을 주는 도덕적인 죄악이다. 이는 목욕물을 버리려다 아기까지 버리는 것이다. 사람들은 흔히 자유 시장 경제와 정실 자본주의를 혼동하는데, 이를 분별하여 자유 시장 경제 체제에서 기업의 도덕성과 경제적 역할을 충분히 설명하고 보호해야 한다.

"규제는 사기나 속임수를 방지하기 위한 목적으로는 유용하지만, 생산에는 크게 도움이 되지 않는다."

위대한 경제학자의 완벽한 정의를 보라. 규제는 사기 예방을 위해서만 존재해야 한다. 특정 제품을 선호하도록 만드는 규제는 존재해서는 안 된다.

"정실 자본주의의 이득을 얻는 이는 자신이 획득한 권리를 옹호하면서 이런 말을 쏟아낼 것이다. 국가는 자신의 사업을 보호하고 장려할 의무가 있다, 혹은 국가의 보호가 있어야 가난한 노동자들에게 더 많은 임금을 지불할 수 있고, 이는 결과적으로 국가의 부를 끌어올린다는 식의 말. 기득권층의 이런 궤변은 귀담아들을 필요가 없다. 이와 같은 주장은 합법적으로 약탈하겠다는 말과 마찬가지다. 사실 합법적 약탈은 이미 있어왔지만, 이를 노골적으로 보편화하려는 시도가 행해지는 것이 오늘날의 현실이다."

바스티아의 소름 끼치는 예언을 보라. 그가 150년 전에 했던 경고가 21세기를 사는 우리에게 나타나고 있다. 이는 인간 본성의 불변성과 동시에 문제의 심각성을 보여준다.

"호의를 기반으로 한 분배금, 기득권에 대한 보호는 자본과 노동의 방향을 인위적으로 전환시켜 과잉 투자를 초래한다."

정실 자본주의가 '명백하게' 불공평한 것은 아니다. 그러나 이는 시장을 크게 왜곡시켜 궁극적으로 잘못된 투자를 초래한다. 부동산 시장의 말도 안 되는 왜곡에서 볼 수 있듯, 정부의 지원을 얻고자 하는 이들은 결코 가만히 앉아만 있지 않았다.

• 타일러 코웬

"정부가 사업을 규제하면 할수록, 법무팀이 있는 큰 기업이 유리해진다. 규제는 사업에 있어 일종의 고정비용 역할을 하며, 시장 진입을 가로막는다. 또한 강한 규제는 시장집중도*를 증가시킨다. 실제로 규제가 많아진 1990년대의 마지막 10년간 시장 집중도가 크게 높아졌다. 이들 사이의 인과관계를 입증하기는 어렵지만, 정부 규제가 특정 기업의 지배력 상승에 원인을 주었을 가능성을 배제할 수는 없다."

규제는 일종의 보조금이다. 규제보다 더 정실주의를 반영하는 도구는 없다. 규제는 이미 충분한 이들에게는 방패가 되어주지만, 성장하고자 하는 이들에게는 좌절을 준다.

• 케빈 윌리엄슨

"포퓰리즘적 경제 제안은 본질적으로 정치인과 기업 간의 정경유착, 무질서한 기회주의를 기반으로 한다. 이런 제안은 경제

---

* 특정 시장 또는 산업에서 경쟁의 제한 또는 독과점화 현상이 발생할 가능성이 있는 정도를 계량화한 수치.

활동에 대한 정부 권한을 강화시켜 정치에 감도가 높은 기업을 보호한다. 이는 결과적으로 생활 수준의 저하, 전통적 경제 권리의 축소, 법률의 위반을 낳는다."

집단주의와 포퓰리즘의 공통점은 국가를 이용해 특정 집단의 이익을 추구한다는 것이다. 국가가 강제적으로 자유 교환을 왜곡하는 행위는 이를 요청한 이가 제아무리 '약자'를 대변한다 해도 고귀해질 수 없다. 의도의 선악 여부가 '개입한다'는 결과를 바꾸지는 않기 때문이다. 국가의 개입이 경제적 통제를 쉽게 만든다고 생각하는 이는, 포퓰리스트라는 이름을 굳이 쓰지 않아도 이미 집단주의자이다.

———————
• 찰스 G. 코크

"인기 없는 제품, 혹은 비효율적 생산 공정을 가진 기업은 시장에서의 공정한 경쟁보다 소수의 영향력 있는 정치인, 혹은 정부의 비위를 맞추는 것이 더 쉽다는 사실을 금방 알게 된다."

이것이 바로 정실 자본주의의 본질이다. 정실 자본주의는 주로 자격을 갖추지 못한 기업이 자신을 도와줄 부패한 정치인을 찾는 것으로 시작한다. 사업의 개선에 투자하는 것보다 정치인을 이용하기가 더 쉽기 때문이다. 간혹 이를 잘하는 기업인

이 기업 경영을 잘하는 사람으로 여겨지기도 한다.

• 애덤 스미스
"나부터가 너무나 불행한 상태라면, 이웃의 불행에 관심을 가질 여유가 없다."

번영은 우리에게 공감, 희생, 관용이라는 가치를 선사한다. 따라서 번영은 좋은 사회를 만들기 위해 반드시 필요하다.

• 프레데리크 바스티아
"이제는 수없이 많은 방법으로 합법적 약탈을 저지를 수 있다. 관세, 보조금, 누진세, 일자리 보장, 수익 보장, 최저임금 등으로 말이다."

정실 자본가와 그의 공범인 정치인이 이용할 수 있는 도구에는 공통점이 있다. 바로 정부가 시장 통제력을 가진다는 것이다. 정부가 특정 경제 주체를 편애한다면, 이를 바탕에 둔 개입은 부패이다. 이것이 바로 합법적 약탈이다.

• 타일러 코웬

"다시 말하지만, 주요 쟁점은 통제를 추구하는 상사 대 자유를 추구하는 노동자가 아니다. 직장에서 어떤 노동자의 자유를 제한할 가능성이 가장 높은 사람은 다른 노동자일 가능성이 많다."

정실 자본주의의 슬픈 예는 같은 입장에 놓인 이들에게서 찾아볼 수 있다. 제삼자의 권위를 이용하여 다른 이들을 제지하고 자신만을 이롭게 하려는 사람들이 있다. 임원 회의의 독단적 결정도 문제고, '노동자의 대의'라는 가치를 들이밀며 전체를 대변하려는 것도 문제다.

• 유발 레빈

"자본주의를 제대로 이해한다면, 자본주의가 자유방임과는 다르다는 것을 알 수 있다. 자본주의는 도덕적 선으로 국가의 부를 추구하고, 소비자인 대중의 이익을 도모한다. 또한 모두가 동등한 경쟁을 할 수 있는 규칙을 제시하고, 시장이 가격을 결정하게 하며, 소비자에게는 선택권을 준다. 생산자가 시장에 자신의 생각을 실험해 볼 수 있도록 하는 동시에 소비자를 보호하여 생산자가 자유를 남용하지 못하도록 한다. 자본주의는 권력 집중을 피하고 기업과 정부를 분리한다. 자본주의의 이 모든 속성은 우리가 전부를 알 수는 없다는 것을 받아들이고, 각자가 할 수 있는 것에 집중하도록 한다."

우리가 사회에 바라는 도덕적 열망과, 자유 기업 경제에서 개개인의 경제적 목표는 국가의 강제성에 의해, 그리고 특정 기업과 정부의 유착에 의해 크게 훼손될 수 있다. 시장 경제를 지지하는 것은 숭고한 가치를 지키는 일이지만, 정실 자본주의의 음흉한 계략을 막지 못한다면 이것은 무너지고 만다.

• 조지 길더

"노력이 보상받지 못하는 사회, 조건이 유리한 이들이 앞서가는 사회에서는 성취가 불가능하다."

정실 자본주의가 가진 가장 파괴적인 힘은 인간을 냉소적으로 만드는 것이다. 노력한 이의 결과와 그렇지 않은 이의 결과가 같은 상황, 결과가 조작되었다고밖에 믿을 수 없는 상황은 인간을 냉소적으로 만든다. 정실 자본주의는 자유 기업의 성취 동기를 무너뜨리고 경제 행위를 하려는 개인의 열망을 빼앗는다. 이러한 맥락에서 정실 자본주의는 자유롭고 도덕적인 사회의 적이다.

• 프레데리크
  바스티아

"법은 약탈을 막기도 하지만 약탈을 하기도 한다. 법의 혜택을 본 약탈자들은 자신들의 행위에 따라오는 수치와 위험을 법 뒤에 숨어 벗어난다. 그렇다면 '합법적 약탈'을 어떻게 식별할 수 있을까? 법이 누구의 것을 빼앗아 누구에게 주는지를 보면 된다. 또는 위법 없이는 불가능한 일을 하는 개인을 법이 어떻게 대하는지 보면 된다. 그러한 법은 즉시 폐지해야 한다. 그래야 정의, 평화, 질서, 안녕, 조화가 이뤄진다."

바스티아가 말한 정실 자본주의의 폐해를 식별하는 원칙을 현재 상황에 적용하기는 어려워 보인다. 이 원칙에 맞게 폐지되어야 했던 법이 지금도 남아있는 것처럼 보이기도 한다. 누군가에게 이익을 주기 위해 다른 누군가의 것을 빼앗는 행위는 명백한 약탈이다. 어떤 일을 관철하기 위해 규제의 힘을 이용하는 것 역시 약탈이다. 이러한 상황에서는 정의, 평화, 질서, 안정이 위태로워진다. 대중이 생각하기에 법이 특정 집단에게 유리하게 돌아가기 시작하면 사회의 질서와 평화가 무너진다. 자유 시장 경제를 지지하는 이들이라면 이를 묵과해서는 안 된다. 정실 자본주의와의 싸움은 자유를 지키기 위한 노력 그 자체이다.

10장

최저임금

• 월터 윌리엄스

"노동자의 급여가 낮은 것은 문제가 아니다. 문제는 그들의 기술이 부족하다는 것이다. 그렇기 때문에 급여를 올리는 것보다 그들이 기술을 습득하도록 돕는 것이 더 중요하다. 기술 증진은 의회가 최저임금을 정한다고 해결되는 것이 아니다. 이는 마치 의사가 아무것도 하지 않고 환자가 치료되었다고 선언하는 꼴이다."

최저임금을 위한 정책 토론회에 참여하는 이들이 이 말을 그대로 수용한다면 더 이상의 토론이 필요 없을 것이다. 영점을 낮춘 체중계로 몸무게를 재고 몸무게가 줄었다고 할 수는 없다. 입으로 더 높은 가치를 선언했다고 해서 실제 생산의 가치가 올라가는 것은 아니다. 최저임금을 올리기 위한 노력을 노동자들의 기술 연마에 투자한다면 이 논쟁은 완전히 끝날 것이다.

• F.A. 하이에크

"경제를 통제하는 것이 왜, 어떻게 사회의 원동력을 마비시키는
지, 그리고 어떤 종류의 통제가 특히 위험한지를 이해해야 우리
의 사회적 실험에서 아무도 원하지 않는 결과지를 받아드는 일
을 방지할 수 있다."

하이에크가 최저임금의 맥락에서 이 말을 한 것은 아니
었지만, 오늘날 최저임금에 대한 논의에도 이를 적용할 수 있다.
지금까지 사회적 실험이라는 이름으로 추진된 법은 대체로 긍정
적이지 않은, 의도하지는 않았으나 불 보듯 뻔한 결과를 가져왔다.

• 헨리 해즐릿

"최저임금은 노동자의 가치를 높이지 않는다. 오히려 이것은
개인이 능력과 상황에 맞는 임금을 받을 수 있는 권리를 박탈
하고, 집단의 호의조차 받을 수 없게 만든다. 쉽게 말해 최저임
금은 적은 임금으로, 적게 일하고자 하는 상황을 허용하지 않
는다."

최저임금을 강제하면 결국 노동하고자 하는 이가 그 일

을 하지 못하고, 사용하고자 하는 이가 노동자를 고용할 수 없게 된다. 이는 지역사회 전체에 해를 끼친다.

• 데이비드
리카도

"다른 모든 계약과 마찬가지로, 임금 역시 시장의 공정하고 자유로운 경쟁에 맡겨야 하며, 입법부가 이를 간섭하고 통제해서는 안 된다."

리카도는 임금을 통제하려는 행위와 다른 모든 계약 사이의 유사성을 짚어낸다. 150년이 지난 지금도 정부가 계약 조건에 간섭하는 것은 이해할 수 없는 일인데, 어찌됐든 정부는 임금을 통제하려 든다. 리카도의 경고는, 가격 설정(임금 포함)은 교환의 주체가 되는 이들에게 맡기는 것이 최선임을 말하고 있다.

• 월터 윌리엄스

"최저임금의 부담을 떠안는 사람은 누구인가? 고용주가 기피하는 노동자들은 대체로 주변부에 속한 이들이다. 미국에서 주변부 노동자는 크게 두 집단으로 나뉘는데 하나는 일반적인 청년 그룹으로, 미성숙함과 경험 부족에 기인한 낮은 숙련도가 문제이다. 또 다른 그룹은 흑인 및 히스패닉과 같은 소수 인종이다. 최저임금이 이들의 고용을 어렵게 만들어 애초에 현장 경험 기회를 박탈한다. 실업률 통계가 보여주는 불균형은 바로 여기에서 비롯된다."

청년은 숙련도가 필요하지 않은 일의 초기 단계부터 경험을 쌓아야 하는데, 숙련도를 고려하지 않은 최저임금이 이들의 노동시장 진입을 어렵게 만든다. 윌리엄스가 지적하는 것은 저숙련 노동자들에게 열려야 할 현장 훈련 기회를 최저임금이 앗아간다는 사실이다.

• 밀턴 프리드먼

"가격이 오른다고 매출이 올라가는 것은 아니다. 오히려 제품 가격이 올라가면 판매 감소로 이윤이 떨어질 수 있다. 이와 마찬가지로 국가가 저임금 노동자에게 더 많은 임금을 주어야 한다고 강제하면 제품의 가격이 올라가고, 이는 기업 이윤의 감소로 이어진다. 기업은 이를 막기 위해 한 사람이 두 사람 몫을 하도록 만들거나 사람이 하던 일을 기계로 대체할 것이다."

인건비 상승은 필연적으로 제품 가격 상승으로 인한 소비자 부담의 증가로 이어진다. 이를 부정하는 것은 경제학의 기본 법칙, 즉 생산에 필요한 재화의 가격은 제품 가격에 포함된다는 당연한 말까지도 부정하는 것이다.

• 제임스 토빈

"생계를 유지할 능력이 부족한 사람은 도움을 받아야 하지만, 그렇지 않은 이들이 최저임금법 등에 의해 더 많은 임금을 받을 이유는 없다. 이러한 임금 통제는 정책의 원래 의도대로 도움이 필요한 이들에게 적절한 도움을 제공할 수 없게 할 가능성이 농후하다."

임금을 노동의 가치 이상으로 고정하면 가격과 가치 왜곡으로 인해 고용이 줄어들고, 임금을 받는 노동자가 점점 없어지는 결과를 초래한다. 이것은 정치 이념과는 관계없는 단순한 사실이다.

• 밀턴 프리드먼

"선의를 가진 이들은 어려운 사람들을 도울 수 있다는 잘못된 믿음을 바탕으로 최저임금법을 지지한다. 그러나 이들은 임금률*과 임금 소득을 혼동하고 있다. 최저임금이 시간당 1.6달러로 정해졌기 때문에 노동자를 고용하지 않기로 한 기업이 많아져서 실업자를 양산하는 것보다 1.25달러를 받더라도 노동을 할 수 있는 것이 더 낫다고 하는 이들이 최저임금법을 지지하는

---

* 일정한 시간이나 양의 노동에 대하여 노동자에게 지급하는 임금이나 임금 단가. 임금 산정의 기준이 된다.

것은 언제나 수수께끼다."

우리는 노동자가 실제로 받는 수입의 비율을 보아야 한다. 기본소득과 임금률은 완전히 다르다. 10명이 100달러를 받는 것이 7명이 120달러를 받는 것보다 더 큰 경제 규모를 만든다. 이는 단순한 수학이고, 또 순수한 경제학적 이해이다.

• 월터 윌리엄스   "최저임금은 낮은 기술을 가진 노동자를 높은 기술을 가진 노동자로 대체하는 결과만 불러오는 것이 아니다. 노동자를 대신하여 기계를 도입하거나, 더 싼 노동력이 있는 해외 시장으로 나가거나, 특정 직업을 지구상에서 사라지게 할 수도 있다. 식당의 식기세척기가 주방 노동자를 대체하고, 토마토 농장에서 농부가 아닌 기계가 수확을 담당하게 된 것이 그 예다."

더 이상 윌리엄스의 '이론'이 사실인지를 따져볼 필요는 없을 것 같다. 우리는 이미 변화된 현실을 보고 있기 때문이다.

• 밀턴 프리드먼   "최저임금법의 최대 피해자는 저임금 미숙련 노동자 집단이다. 이미 고용된 이들은 더 높은 임금을 받겠지만, 노동시장에서의

경쟁은 더욱 치열해질 것이다. 미숙련 노동자들이 받아야 할 임금은 다른 이의 배를 불릴 것이다. 이는 사회 전반의 퇴보이다."

사회는 총생산량에 많은 관심을 두지만, 높은 임금과 적은 고용은 생산량을 늘리지 않는다. 높은 임금이 노동자의 생산성을 촉진하는 것도 아니다. 따라서 최저임금법은 높은 임금을 위해 총생산량을 희생하고, 소외된 노동자들은 어떤 소득도 얻을 수 없다는 사실을 고려하지 않는다고 볼 수 있다.

• 조지프 A.
슘페터

"가장 중요한 행동의 매개 변수인 임금, 가격, 이자 등이 정치적으로 해석되기 시작하고 일부 기획자들의 생각과 결정에 의해 처리되기 시작하면, 산업이라는 유기체는 애초에 설계된 방식으로 작동할 수 없다."

이는 경제학에서 너무나 자명한 사실이기 때문에 다른 장에 넣었어도 좋을 내용이다. 돈의 가치는 정치의 문제가 아니며, 임금 또한 마찬가지다. 정치의 목적은 경제의 목적과 아주 다르다.

11장

창조적 파괴

• 조지프 A.
슘페터

"자본주의는 본질적으로 경제 변화의 형태이자 방법이다. 그것은 결코 고정된 형태가 아니며, 고정되어 있을 수 없다. … 자본주의를 움직이는 기본적인 동력은 새로운 상품, 새로운 생산 및 운송 방법, 새로운 시장, 기업이 만들어내는 새로운 형태의 산업이다."

기업은 진화한다. 그렇지 않으면 수요를 충족할 만한 혁신이 불가능하다. 기업을 구성하는 요소들은 모두 변화하고, 진화하고, 개선된다. 상상할 수 없을 만큼 거대한 변화의 과정에서는 파괴도 일어난다. 이 파괴는 발전을 위한 단기적 고통이며, 결코 피해 갈 수 없는 것이다. 현명한 사람들은 이를 알고 있다.

"실험보다 '계획'을 선호하는 이들은 실패한 실험이 사회 발전에 주는 영향을 알지 못한다. 실패는 효과 없는 처방이 무엇인지를 빠르고 효율적으로 알려주기 때문에 낭비를 최소화하고 자원을 효과적으로 재분배할 수 있게 한다. 시장 경제는 실험적인 발견의 과정이므로 실패하는 사업이 있을 수밖에 없다. 실패를 피하려는 시도가 오히려 문제를 일으킨다."

나는 독자들이 '시장은 실험을 통해 무언가를 발견하는 곳'이라는 개념을 반드시 이해하기 바란다. 시장이 어떤 결과를 낼 것인지를 예측하는 일은 어렵지 않다. 그러나 이 과정에서 시장이 어떻게 움직이는지를 알려고 하지 않는다면 아무 의미도 없다. 우리는 발견자로서의 역할에서 성공은 물론 '실패'를 다루는 이야기를 주저할 필요가 없다. 효과적으로 기능하는 시장은 점차 실패를 줄여가며 더 나은 방향으로 갈 것이기 때문이다.

"우리가 알아야 할 중요한 점은, 자본주의를 다루는 것이 곧 진화를 다루는 일이라는 것이다. 자본주의의 핵심은 창조적 파괴이다. 이 과정은 많은 기업의 소멸을 수반하지만, 한때의 폭풍을 견뎌낼 수 있다면 자본주의는 유용한 방식으로 존재할 수 있을 것이다."

내가 슘페터를 많이 인용하는 이유가 있다. 이 인용문에는 기업의 필수 요소가 세 가지나 들어있다. 그중 하나를 보자면, 지속적인 변화다. 인간의 행동과 요구, 역량이 지속적으로 변하기 때문에 시장도 이를 반영하여 계속 변한다. 이는 필연적으로 성공이나 실패로 이어지며, 성공이 아닌 것을 파괴하기도 한다. 그러나 모든 창조적 파괴가 경쟁에서 오는 것은 아니다. 대다수의 실패는 생존 능력의 부재에서 비롯된다. 자유로운 기업은 공격과 방어 모두를 해야 한다.

• 주드 와니스키

"기업가정신이 미국에서 특히 번성하는 이유는 실패에 관대한 문화 때문이다. 미국인들은 처음에 성공하지 못해도 다시 시도하면 된다고 배운다."

이것이 미국의 문화적 기반이다. 미국은 전통적으로 역경을 딛고 일어나는 '극복' 이야기를 사랑한다. 실패에서 시작하는 성공 이야기만큼 가슴을 뜨겁게 만드는 서사는 없다. 실패를 수치로 여기는 사회는 2막, 3막에서 가능할지도 모르는 성공의 기회를 제 손으로 버린다. 자유 시장 경제는 실패를 현실과의 조율 과정으로 보기 때문에 이를 용납할 뿐만 아니라 기업가의 성공을 위한 필수 요소라고 생각한다.

"당신이 성공에서 성취감을 느끼지 못한 것은 유감이다. 그러나 당신은 성공할 것이다. 역경이 전화위복의 기회이며, 확실한 인격 형성의 과정임을 잊지 않는다면 말이다."

우리 삶에서 일어나는 일은 경제 분야에서도 마찬가지로 일어난다. 어려움을 극복하면서 우리는 더 탄력적이고, 능력 있고, 더 생산적으로 변한다. 회복력이나 능력, 높은 생산성을 부정적으로 생각하지만 않는다면, 역경을 통해 얻을 수 있는 성장과 진보를 받아들이고 실패를 넘어 더 나은 결과로 향할 수 있다.

"빠른 발전은 불안을 야기한다. 맬서스는 산업 혁명이 막 시작되던 무렵에 매우 비관적인 경제학적 전망을 내놓았다. 빠른 발전이 빠른 변화를 불러오는 동안, 이 속도를 따라가지 못하고 뒤처지는 사람들이 있게 마련이다. 문제는 이때 변화를 멈추려는 움직임이 생긴다는 것이다. 이는 결과적으로 경제 발전 전체를 더디게 하는 역설적 상황을 불러온다."

발전으로 인해 일어나는 파괴를 최대한 완화하려는 시도는 발전을 저해하는 결과를 낳는다. 빠른 변화에 저항하는 힘이 커질수록, 많은 이들이 더 오랜 기간에 걸쳐 피해를 입게 된다.

"기업에 있어서 실패는 자연스러운 순환의 일부이다. 기업이 탄생하고 사라지는 과정을 거치며 자본주의가 앞으로 나아간다."

누군가는 이 말을 보고, 뒤처진 이들이 겪는 고통에 둔감한 것 아니냐고 생각할 수 있다. 그러나 이는 사실이 아니다. 시장 경제의 창조적 파괴는 단기적으로 한 집단에게 비극적일 수 있다. 그러나 장기적으로는 모두에게 건설적인 일이다. 실패가 용인되지 않는 구조에서는 성공이라는 것도 존재할 수 없다. 그래서 실패는 모두에게 혜택이 되는 것이다.

"실패에 보조금을 지급하는 정책은 경제적 수익을 더 이상 낼 수 없는 자본 잠식 산업, 즉 일자리를 창출할 수 없으면서 오히려 일자리 창출에 방해가 되는 기업이 존속하도록 해주는 것이다."

자유로운 기업을 이해하기 위해 창조적 파괴를 설명하는 이유는 단순히 감정적으로 이를 받아들이도록 하기 위함이 아니다. 물론 감정적인 수용도 중요하지만, 창조적 파괴에 저항하기 위해 고안된 정책이 그 자체로 자유로운 경제 질서를 파괴한다는 현실을 냉정히 인정해야 한다. 일자리 창출이 필요하다면 실패한 기업을 지원하는 것이 과연 맞는지 재고해야 한다. 창조적 파괴는 최적의 자원 분배라는 문제와 관련이 있다.

"해외든 국내든 새로운 시장의 개방과, 개인 공방에서 거대 철
강 기업까지 위치와 규모에 상관없는 각 분야의 발전은, 공통적
인 산업 변화의 과정을 보여준다. 끊임없는 혁신, 낡은 것의 파
괴와 재창조가 바로 그것이다. 자본주의에서는 이러한 창조적
파괴를 당연하게 여기며 그것이 결국 무엇을 지향해야 하는지
를 고민한다. 다시 말해, 창조적 파괴는 자본주의의 필수 요소
이다."

자본주의의 성격을 이보다 더 명확하게 정의할 수 있을
까? 이는 기업을 묘사하는 동시에 기업이 성공하는 방법 또한 보
여준다. 자본주의에서 창조적 파괴가 당연하다는 사실은 거시적
관점에서 보면 기뻐할 만한 일이다. 우리는 이 창조적 파괴가 수
세기 동안 만들어낸 것을 누리며 살고 있다.

12장

인센티브

• 헨리 해즐릿

"증세는 노동을 통한 소득 증가를 꾀하는 개인의 인센티브를 약화시킬 뿐만 아니라, 다양한 방식으로 자본 축적을 억제하고, 생산을 왜곡하며 불균형을 유발하여 결과적으로 경제 규모를 축소시킨다. 이는 빈곤을 줄이는 것이 아니라 오히려 늘리는 것이다."

증세가 자본 축적을 억제한다는 말을 자세히 살펴보자. 해즐릿은 세금을 더 걷으면 전체의 부가 축소된다고 말한다. 추후에 재분배주의가 미치는 영향도 언급하겠지만, 내가 지금 강조하고 싶은 것은 자본 축적에 대한 인센티브이다. 인센티브가 적어지는 것이 누군가에게는 부정적인 일이 아닐 수 있다. 사실 오늘날 사회 정의를 외치는 이들 중에는 부유한 이들의 자본 감소를 목적으로 하는 경우도 있다. 하지만 이는 '제로섬 오류'에 기반한 생각이다. 즉, 우주에는 한정된 자원만이 존재하기 때문에 누군가의 부는 누군가의 빈곤이라는 오류를 전제로 하는 것이다. 그러나 이는 인간이 생산 활동을 통해 서로의 욕구를 충족하면 전체 자본 규모 자체가 커질 수 있다는 가능성을 무시하고, 한 사람의 자본 축적을 막는 행위를 통해 그가 다른 이에게 투자할 수 있는 기회를 차단한다. 세금이 자본을 처벌하는 기능을 하게 되면, 자본은 투자 의욕을 잃는다. 누군가의 저금은 다른 누군가의 차입금이다. 누군가의 투자는 다른 사람의 자산, 부채, 사업, 고용, 혁신, 연구 개발의 원천이 된다. 그렇기에 누군가가 부를 얻고자 하는 것을 막으면, 그 개인뿐 아니라 더 많은 사람에게 피해를 입히는 것과 다름없다. 이는 반드시 역효과를 내며, 부도덕한 일이다.

• 마크 스쿠젠
박사

"마르크스의 예측은 대부분 실현되지 못했고, 노동 가치 이론을 대표로 한 그의 주장에는 오류가 있었다. 마르크스는 자본주의 모델이 가진 인센티브 제도, 즉 소비자의 선택과 기업가의 이익 동기를 이해하지 못했다. 사회주의도 마르크스주의도 노동자를 해방시키지 않았다. 노동자를 가난, 독점, 전쟁, 억압에서 해방

시킨 것은 자본주의이며, 마르크스의 목표를 더 잘 실현한 것도
자본주의이다."

재화의 가치는 그것을 만드는 데 필요한 노동에 따라
결정된다는 마르크스의 생각은 잘못이다. 기업의 입장에서, 생산
적인 인간의 행동을 가장 합리화하는 것은 인센티브다. 진정으로
노동자의 해방을 원한다면 인센티브를 촉진해야 한다.

• 헨리 해즐릿
"생산을 극대화하는 방법은 그에 붙는 인센티브를 극대화하는
것이다. 이는 곧 사유재산, 자유로운 교환, 자유로운 기업을 기
반으로 하는 자본주의를 말한다."

성공적 경제 발전은 인센티브를 이해하고, 이를 거부하
지 않으며, 인센티브로 작용할 수 있고, 우리가 원하는 것을 장려
하는 사회 체제를 찾는 것에서 시작한다. 해즐릿은 지난 200년 동
안의 경제학자들과 의견을 같이 한다. 더 많은 생산을 원하는 것
이 기본적인 경제적 진리임을 이해한다면, 인센티브가 무엇을 만
들어낼 수 있는지도 쉽게 알 수 있다. 인센티브는 곧 기업에 내재
된 이익 동기 그 자체이다.

• 로버트 L.
바틀리

"국내총생산GDP 대비 부채 비율이 점점 늘어난다는 것은, 부채
가 경제에서 더 많은 부분을 차지한다는 뜻이다. 그러다 해당
비율의 증가 추세가 어느 시점에 이르면 생산 의욕 저하로 이어
져 전반적인 경기 침체를 야기할 수 있다. 부채 비율의 증가는
정부가 민간 영역에서 가져가는 돈이 많다는 의미이기도 하다."

정부가 경제에 얼마나 많은 영향을 미치는지가 경제
를 보는 중요한 지표라는 사실은 나에게도 큰 영향을 주었다. 정
부가 경제에 많은 영향을 미치지 않았으나 적자가 컸던 시대에도
경제가 성장한 이유를 설명해 주었기 때문이다. 핵심은 인센티브
였다. 정부의 규모가 크면 결과적으로 민간 부분을 밀어내 생산
의욕을 꺾는다. 반대로 정부가 작은 경우, 적자 규모가 크다 해도
인센티브를 위한 생산 활동 자체에는 문제가 생기지 않는다.

• 헨리 해즐릿

"고용주를 괴롭히고 처벌하는 것이 고용을 저해하는 가장 확실
한 방법이다."

인센티브를 주는 방법은 어렵지 않게 생각할 수 있다.
그러나 이는 노동의 동기를 억제하는 것이 어리석은 일임을 인정
하는 것에서 시작해야 의미가 있다. 고용주를 보는 대중의 싸늘

한 태도, 기업가가 견뎌야 하는 규제, 그리고 소송만능주의를 보면 고용주가 인센티브 주기를 포기한다 한들 반박할 말이 없다. 그러므로 고용과 인센티브 촉진을 위해서는 대중의 정서와 태도 전체가 변해야 할 것이다.

• 타일러 코웬

"경제학자들은 인센티브 이야기를 좋아한다. 그리고 내용이 무엇이 됐든 그 모든 이야기의 결론은, 인간은 통제받거나 조작되는 것을 싫어한다로 끝난다. 이는 자본주의의 가장 긴장되는 속성이다."

인센티브와 인간의 행동을 일치시키는 시장의 모습은 그저 놀랍다. 인센티브의 순기능을 벗어나 착취와 통제를 하려는 시장에서 인간은 본능적으로 이에 저항한다. 이러한 긴장을 통해 가치 있는 서비스가 시장에 제공된다. 다시 말해, 통제에의 저항은 인센티브와 방향을 같이하는 것이다.

• 헨리 해즐릿

"평균 소득보다 높은 이들의 '잉여' 부분을 세금으로 가져다 평균 소득보다 낮은 이들에게 부족분을 보조해 주면 전체 생산이 감소한다. 높은 생산성을 가진 이들은 일하고자 하는 동기를 상실하고, 일을 잘하지 못하는 이들은 현재 상태를 개선하려는 동기를 잃기 때문이다."

단순한 재분배는 생산성이 높은 이들의 의욕을 떨어뜨리고, 생산성이 낮은 이들의 능력 향상을 저해한다.

• 헨리 해즐릿

"부와 소득을 재분배하려는 정부의 모든 시도는 실제로 생산을 억제하고 전반적인 빈곤을 초래한다."

재분배가 '경제적 범죄'인 이유는 단순히 그것의 몰수적 성격 때문이 아니다. 이는 인센티브의 문제이다. 재분배는 일하고, 투자하고, 고용하고, 창조하고자 하는 동기를 부여하는 인센티브를 없앤다. 일자리, 투자, 혁신을 저해하는 것을 목표로 경제 정책을 시행하고자 한다면, 공격적인 재분배를 하면 된다.

• 제프리 터커

"상업은 포용성과 관대함을 기반으로 할 때 성공한다. 상업에서 민족주의, 종교적 편협함, 비이성적 편견은 오히려 해롭다. 전통적으로 상인 계급은 민족주의 계열의 지도자에게 불신의 대상이었는데, 그 이유는 상인이 가진 포용과 관대함이 집단 간의 장벽을 무너뜨릴 수 있었기 때문이었다."

상업이 촉진하는 협동을 인간 번영을 위한 요소이자 자유롭고 덕망 있는 사회의 핵심으로 볼 수 있다. 그리고 잊어서는 안 되는 것, 이는 본질적으로 인센티브라는 점이다. 상업에는 더 큰 신뢰, 포용, 협력이 주는 인센티브가 있다. 그 수혜자는 구매자와 판매자뿐만 아니라, 사회 전체이다.

13장

과세

• 헨리 해즐릿

"국민의 소득에서 세금이 큰 비중을 차지할수록 민간 생산과 고용이 줄어든다. 조세 부담이 감당할 수 있는 수준을 넘어가면, 반드시 생산에 차질이 생긴다."

세금을 어떻게 이해해야 하는지 생각해 보자. 정부가 수입을 얻을 수 있는 방법, 그리고 수입의 정도는 세금으로 정해진다. 나는 작은 정부를 선호하기 때문에 세금을 많이 걷지 말아야 한다고 생각하지만, 어쨌든 국가가 수입을 얻는 방법과 그 규모를 정할 때는 건강한 경제를 이끌어가는 생산자들과 긴장 상태에 있어야 한다. 세금은 경제 성장에서 나온다. 경제 성장이 곧 세금의 원천이다. 이를 잊으면 모든 것을 잃게 될 것이다.

"낮은 소득세는 기업가정신을 함양하는 데만 필요한 것이 아니다. 자본은 세율이 낮을수록 남는 곳에서 필요한 곳으로 흘러갈 가능성이 높아진다. 사업이 성공했을 때 내야 할 세금을 고려해야 하는 사람은 기업가가 아니라 투자자이다. 그래서 세율이 낮아질수록 더 많은 자본이 투자될 수 있다."

자본 형성은 기업가에게 필수 요소이다. 자본에 대한 세금을 덜 내게 된다면 암묵적으로 더 많은 자본을 형성하고자 할 것이고, 반대로 더 많은 세금을 내야 한다면 암묵적으로(혹은 명시적으로) 혁신, 성장 등에 보수적이 될 것이다. 그렇기에 자본에 대한 세금이 부담스럽지 않을 때 기업가는 성장을 위한 투자를 더 많이 끌어모으고자 노력하게 된다.

"자본소득세를 폐지할 수 있다면 그렇게 해야 한다고 생각한다. 처음 소득을 얻었을 때 이미 세금을 냈는데, 이를 투자해서 얻은 수익에 또 세금을 내야 하는가? 나는 자본소득세 폐지가 부자들에게만 도움이 된다고 말하는 이들에게는 관심이 없다. 내 관심은 부자가 되고 싶어 하는 이들에게 도움을 줄 수 있는 방법, 특히 경제 발전에 절대적으로 중요한 역할을 하는 기업가들에게 도움을 주는 방법이다."

자본소득세는 이중과세일까? 확실히 그렇다고 볼 수 있다. 그러나 자본소득세가 진짜 문제인 이유는, 그것이 새로운 부를 창출하기 위해 필요한 아이디어와 혁신을 만들어내는 자본 형성을 저해하기 때문이다. 자본소득세는 이미 부를 가진 이들보다 부를 얻고자 노력하는 이들에게 오히려 더 피해를 준다.

• 셀던 S. 코헨

"누군가의 철학을 알고자 한다면, 그 사람이 세금에 어떤 입장을 취하는지를 알면 된다. 세금에 대한 생각은 탐욕, 권력, 자선 등 모든 삶의 본질을 담고 있다."

정말로 그렇다. 누군가 자선을 행하기 위한 수단을 강요하는가? 그 사람이 세금을 어떻게 생각하는지를 들어보라. 누군가가 자유 시장 경제를 지지하는 정부를 선호하는지, 아니면 국가가 경제에 개입하는 것을 선호하는지를 알고 싶다면 세금에 대한 견해를 물어보라.

• 로버트 A 먼델

"거대 정부와 누진소득세는 중립성을 해친다. … 인플레이션 상황에서 납세자는 더 많은 세금을 낼 수밖에 없다. 높은 금리가 인플레이션으로 인한 것임에도, 이자 수입에 세금이 부과된다.

높은 세수와 정부의 지출 경향이 맞물리면 정부가 경제에 미치는 비중이 커진다."

가파르게 높아지는 세율의 장점이라면 '대담함'이라고 할 수 있겠다. 실질적으로 소득이 오르지 않았는데 인플레이션으로 인해 세율을 올리는 대담함 말이다. 인플레이션 상황이 아닐 때도 납세자들은 금리 인상에 따른 소득세 증가를 경험할 수 있지만, 가파르게 상승하지 않기 때문에 이에 대한 불만이 뚜렷하게 표출되지는 않는다. 그러나 인플레이션과 누진세율의 조합은 양보의 여지가 없다.

• 아서 래퍼
박사

"사람들은 세금을 내려고 일을 하는 것이 아니다. 세후 수익을 위해 일하고 투자하는 것이다."

래퍼의 말은 1970년대 스태그플레이션 이후 인센티브의 핵심을 짚어냈다. 노동과 생산의 결과에 부과한 높은 누진세에 의해 인센티브가 파괴되었고, 이는 노동 행동에 영향을 미쳤다.

· 에드워드
H. 크레인

"사실, 나는 세금과 정부 규제 수준이 우리 사회의 문명화가 얼마나 실패했는지를 보여주는 척도라고 주장하고 싶다."

나도 같은 말을 하고 싶다. 개인의 자유와 정부의 규모는 직접적으로 반비례한다. 자유가 보장될수록 우리의 행동은 고귀한 미덕이 되고, 지역사회가 튼튼해질수록 거대한 정부의 필요성이 낮아진다. 반면 정부가 거대해질수록 더 많은 세금과 규제가 생겨난다.

· 리처드 K. 베더

"차입은 단기적으로는 모르지만 장기적으로 보면 부담되는 요소이다. 그러나 세금은 단기적으로도 부담, 장기적으로는 더 큰 부담이다."

무엇이 '차악'일까? 대중은 단기적으로 볼 수 있는 것에 민감하다. 그러나 차입과 세금 모두 부담 요소인 것은 사실이다. 이 둘에 대한 여러 가지 말은 그저 그 부담이 얼마나 가시적인지를 설명할 뿐이다.

"소득세법을 옹호하는 분위기에서 온갖 소득세가 생겨났다. …
그 결과 우리 경제는 많은 손실을 입었다."

세금을 많이 걷으려면 더 많은 복잡성과 규칙을 만들어
내야 한다. 언제나 그렇듯, 자유가 줄어들수록 여러 가지 실패를
경험하게 된다. 정부의 탐욕과 권력에 대한 무모한 열망은 세금
에 투영된다. 동시에 비효율성, 관료주의, 무능함도 함께 드러난
다. 그야말로 지독한 조합이다!

"세금은 아무리 좋게 말한다 해도 손실이다. 정부는 공공 서비
스의 적절한 이행에 쓸 만큼만 세금을 걷어야 한다. 다른 방식
으로 부과하는 세금은 합법적 약탈이다."

어떤 종류의 정부를 원하고, 어떤 대가를 받을 것인지
대중과의 논의가 필요하긴 하지만, 세금을 정부의 자금 조달원으
로 이해하는 것 자체는 문제가 없다. 그러나 세금을 사회 정책 집
행이나 특정 집단에 대한 처벌, 혹은 보상 수단으로 보는 것은 옳
지 않다. 세금을 재분배주의와 연결하여 사용하는 것은 세금의
본래 기능을 왜곡하는 것이다.

"공급 위주의 경제는 케인스식 수요 위주 모델의 대안으로 시작되었다. 이는 통화 규제를 통한 물가 안정과, 세금 및 규제를 통해 고용과 성장을 자극하는 정책을 혼합한 것이다. 이 정책은 경제 부양을 위해서는 인센티브가 필요하고, 인센티브를 위해서는 누진세율의 인하가 필요하며, 긴축 통화는 물가 안정을 가져올 것이라고 결론 내렸다. 인플레이션이 억제되면서 경제가 안정되기 시작했다. 새로운 정책들은 필립스 곡선(물가상승률과 실업률 사이의 역(逆)의 상관관계를 나타낸 곡선)을 뒤집어 실업과 인플레이션을 동시에 감소시켰다."

먼델이 언급한 혼합 정책은 1980년대 초에 등장하여 세계 역사상 가장 위대한 번영기를 촉진하는 데 도움을 주었다. 볼커Volcker가 이끄는 연방준비위원회는 초과 재원이 없어질 때까지 금리를 인상하기로 하는, 정치적으로는 지지받기 어려운 결정을 했다. 그러나 이와 동시에 세금을 감면하여 생산성에 상당한 인센티브를 주면서, 생산량은 폭발적으로 증가했다. 경제 이론의 대부분은 분석과 논리적 판단에 근거한다. 반면 혼합 정책은 경험으로 증명되었다. 감세가 성장을, 인플레이션 억제가 물가 안정을 불러오면서 성장과 인플레이션에 양의 상관관계가 있다는 필립스 곡선 이론을 뒤집는 결과를 보여주었다.

14장

신용 및 건전한 통화

· 루트비히 폰
미제스

"통화량과 가격 변동 사이에는 특정한 관계가 없다는 것이 경제 이론의 기본이다. 화폐 공급량의 변화는 물가와 임금에 각각 다른 방식으로 영향을 미친다. 그렇기에 물가 수준이라는 용어는 오해의 소지가 있다."

물가 수준이라는 것은 사실 존재할 수 없다. 정말 있다고 해도, 그것은 계산할 때마다 바뀔 것이며, 바뀐 이유를 알 방법도 없다. 경제 요소 간에는 측정할 수 없는 가변적인 관계들이 존재한다. 이를 깨닫는 것이 왜 중요할까? 역사상 가장 참담했던 통화 정책이 통제 관리의 대상이 되기는커녕 존재하지도 않는 것(물가 수준)을 관리하거나 통제하려고 애쓴 적이 있기 때문이다.

"가격은 통화 공급 변화만으로 단번에 움직이지 않는다. 이는 특정 제품이나 서비스에 대한 공급과 수요, 화폐의 수요와 공급의 변화에 고루 영향을 받는다. 이 중 무엇이 가격에 영향을 미쳤는지를 분리해서 보는 것은 추측을 기반으로 할 수밖에 없고, 또 매우 복잡한 일이다."

• 크리스토퍼 메이어

따라서 화폐 공급을 조절하여 어떤 경제적 결과를 창출하려는 시도는 의미 없는 일이다. 가격은 역동적이고, 전혀 단일하지 않으며, 위험을 무릅써야 할 만큼 '얽히고설켜' 있다. 역사를 보면 통화의 건전성을 망치는 일은 생각보다 훨씬 더 많은 위험을 가져왔다.

"실제로 '통화 관리'는 지속적인 통화 가치 하락의 완곡한 표현일 뿐이다. 이는 거의 사기에 가까운 일을 이어가게 하는 거짓말이다. … 결국 관료주의적 변덕으로 인해 이 말은 휴지 조각이 되어버린다. 관료들은 자신과 비슷한 생각을 가진 사람들만이 진실과 정직을 바탕으로 경제적인 능력을 얻을 수 있다고 착각한다."

• 헨리 해즐릿

'통화 관리자'의 의도가 어떤지와는 관계없이, 건전 화폐를 위한 통화 관리 약속은 공허한 것으로 드러났다. 통화 관리는 정치화되었고, 그렇게 역사상 가장 놀랍고 위험한 경제 실험 중 하나로 남았다.

"돈은 국가의 발명품이 아니다. 입법 행위가 돈을 만들어내지는 않는다. 돈이 존재하기 위해 정치권력이 반드시 필요한 것도 아니다. 돈은 국가의 힘에서 분리된, 독립적인 경제 요소이다."

• 카를 멩거

돈을 교환의 매개체로 이해한다면, 국가보다 돈이 먼저 존재했다고 보는 것이 타당하다. 물론 법률상 돈에 대한 규제 항목이 있긴 하지만, 돈은 국가의 발명품이 아니며 입법부가 관여할 문제도 아니다. 화폐 건전성은 법으로 결정하는 것이 아니다. 오히려 국가가 법으로 이를 과하게 통제하려 하면, 급격한 가격 변동이 발생한다.

"신용을 '은행가가 개인에게 부여하는 것'이라 생각하는 이들이 있다. 그러나 신용은 개인마다 이미 가지고 있는 것이다. 은행이 누군가의 대출 요구를 승인하는 이유는 그가 요구한 대출보다 더 큰 가치를 지닌 시장성 자산이 그에게 있다고 판단했거

• 헨리 해즐릿

나, 그의 인격과 이를 뒷받침하는 과거의 기록이 이미 그가 가진 신용이기 때문이다."

신용은 회계적으로 보면 자산이기도 하고, 부채이기도 하다. 신용이 높은 이들은 어떤 방식으로든 확실히 보호되는 자산을 가지고 있다. 만약 그 자산이 지켜질 수 없는 것이라면 신용도에도 영향을 줄 수 없다. 신용은 우리 경제에서 통화 공급을 늘리는 역할을 한다. 그렇기에 신용 불량은 시장의 건전한 통화 유통에 큰 위협이 된다.

• 로버트 A. 먼델

"경제적 안정의 관점으로 보면 1970년대는 재앙 수준이라고 볼 수 있다. 그러나 우리가 그 시기를 경험하지 않았다면 인플레이션, 적자 예산, 막대한 부채, 과도한 정부 개입의 결과, 공공복지의 경제적 문제 등을 학습할 수 없었을 것이다. 이 경험을 통해 어떤 정부도 두 번 다시 이런 일을 겪고 싶어 하지 않게 되었다."

1970년대 정치인들이 학습한 것은 유권자들이 인플레이션과 세금이 삶에 미치는 영향에 민감하다는 사실이다. 그러나 정부의 과도한 개입을 주장하며, 경제적으로 도움이 되지 않는 정책을 고쳐 쓰려는 이들, 즉 '공짜 점심이 가능하다고 생각하는 이들'이 여전히 존재한다. 하지만, 공짜 점심은 없다!

• 헨리 해즐릿

"모든 신용은 결국 상환해야 하는 빚이다. 따라서 신용 거래량을 늘려야 한다는 주장은 부채 부담 증가를 종용하는 것과 다름없다. 신용을 부채라고 부르기 시작한다면, 분명 분위기가 달라질 것이다."

만일 '생산적 부채'라는 것이 있다면 그것은 부채를 끌어와 생산을 위한 자금을 댄다는 의미일 것이다. 20퍼센트의 수익률을 목표로 하는 기업에게 5퍼센트의 부채는 있을 법하게 보일 수 있다. 그러나 이 경우에도 반드시, 그 사업이 잘못되었을 경우 떠안아야 할 손실의 영향을 계산해야 한다.

사회적으로는 생산적 부채와 비생산적 부채를 나눌 수 없다. 그렇기에 자금 조달을 위해 부채를 이용하는 정부(이때는 새로운 부가 생겨나지 않는다), 소비를 위해 부채를 이용하는 개인(이때는 부가 생겨나지 않을 뿐만 아니라 오히려 부가 파괴된다) 모두 문제가 된다. 따라서 신용이라는 이름 대신, 부채라는 이름을 사용한다면 관점이 크게 달라질 것이다.

• 헌터 루이스

"돈을 새로 찍어내는 것을 '저축'이라고 말하는 것은 조지 오웰 식의 표현이다. 더 많은 화폐를 발행하는 것의 장단점과는 별개로, 일단 그것은 저축이 아니다. 저축은 비상사태나 향후 투자를 위해 돈을 축적하는 것이다. 이런 개념의 저축이 아닌 다른 것을 저축이라고 부르기 시작하면 결국 전통적인 저축 개념은 훼손되고, 궁극적으로 소소하게 저축해온 사람들을 망치게 될 것이다."

정부의 차입금이나 지출을 '저축savings'이라고 표현하는 영어의 문제점 때문에 정부의 개입을 방관하게 된다. 저축은 지금까지 그랬던 것처럼 앞으로도, 벌어들인 돈을 모은다는 뜻이어야 한다. 정부가 돈을 쓰는 것과 저축은 다르다.

• 헨리 해즐릿

"화폐의 가치를 떨어뜨려 명목상 소득을 올릴 수는 있다. 그러나 더 많이, 효율적으로 일하고, 더 저축하고, 투자하고, 생산하지 않으면 실질적인 소득을 올릴 수는 없다."

공짜 점심은 없다. 노동량, 효율성, 저축, 투자, 생산성을 끌어올리지 않으면서 소득을 늘리려는 모든 시도는 헛수고다. 이러한 시도는 사기이며, 절도이다. 인간의 노력, 생산성과 투자에 내재된 부의 총합이 우리의 삶을 끌어올리는 원동력이다. 이 외의 다른 것은 헛될 뿐이다.

"인플레이션은 세금을 올리지 않으면서 국민의 부를 빼앗을 수 있는 방법이다. 인플레이션이야말로 가장 보편적인 세금이다."

이는 수 세기에 걸쳐 실제로 일어난 일로, 보편적이면 서 퇴행적이다. 누진소득세를 지지하는 이들이 인플레이션을 불러오는 정책을 옹호하는 것을 용납해서는 안 된다. 소비재가 인플레이션을 겪으면 저소득층이 더 큰 타격을 입는다는 것은 자명한 사실임에도, 이를 무시하고 정책을 밀어붙이려는 이들이 있다.

"시간이 돈이라면, 금리는 시간의 대가다."

금리가 무엇인지, 이것이 왜 존재하는지를 이보다 명쾌하게 표현할 말이 있을까? 우리는 소유한 돈을 가지고 어떤 목적을 달성하고자 한다. 그런데 만일 그 돈을 누군가에게 빌려주거나 투자하게 되면, 우리가 이루려던 목적은 그만큼 유예된다. 이 자율은 그 유예된 시간에 매긴 가격이다.

• 주드 와니스키

"케인스주의자나 통화주의자가 나와 근본적으로 다른 점이 있다면, 그들은 회계 단위로서 기능하는 돈의 중요성을 평가절하한다는 것이다. 수요가 아닌 공급에 전적으로 집중하는 고전경제학은 교환이나 가치저장 매체로서의 돈이 아닌, 회계 단위로서의 돈에 더 많은 관심을 둔다. 케인스주의자나 통화주의자는 경제 활동 과정에서 이러한 화폐의 기능을 완전히 무시하고 국가 회계를 편의적으로 해석하려 했다. 케인스주의자들은 회계 단위를 바꿔서 문제를 해결하려는 습관을 고치지 못할 것이다. 정말 답답할 노릇이다."

체중 조절이 필요하다면 개인의 체중을 줄여야지 체중계를 조정해 봤자 소용이 없다. 와니스키의 비유는 이와 같은 맥락이다. 자유시장주의자는 돈이 가치를 측정하는 도구가 되기를 바란다. 시장이 상품이나 서비스의 가치를 자유롭게 정할 수 있다면 돈은 안정적인 교환 매체가 되고, 그러한 돈이 회계 단위로 사용될 때 신뢰가 생긴다.

• 크리스토퍼 메이어

"가격을 관리하는 것이 목표가 되어서는 안 된다. 가격 책정의 자유가 목표가 되어야 한다. 그러려면 가격 억제를 위한 정책이 아닌, 가격 책정의 자유를 저해하는 장애물을 제거하는 정책을 만드는 데 중점을 두어야 한다."

정책 입안자들은 이 내용을 자주 잊어버리는 것 같은데, 나는 그것이 우연이라고 생각하지 않는다. 가격은 인간의 행동(노력, 수요, 취향, 위험 등)에 영향을 받아 정해지고, 안정적인 가격이 공공 정책의 목표가 되는 것이 가장 이상적이다. 시장은 가격을 바꿀 수 있는 힘이 있지만, 중앙 통제는 정당한 가격 설정을 막아 경제 행위자들의 노력, 생산적 활동을 왜곡한다.

"제품은 반드시 다른 것과 함께 판매된다."

• 장 바티스트 세

이토록 심오한 말은 흔하지 않다. 돈을 단순한 교환 수단으로 생각한다면, 구입과 대금 지불 관계의 성립 외에는 다른 문제가 생기지 않는다. 그러나 돈은 물물교환에 분할성과 시간 선택권을 부여하고, 이로 인해 여러 복잡함이 생긴다. 하지만 그 복잡함이 이 말의 근본적인 의미를 바꾸지는 않는다. 우리는 항상 상품과 서비스를 구입한다. 돈은 이 교환을 맞춤식으로, 아주 편리하게 할 수 있도록 해준다.

"만약 정부가 재정 적자를 메꾸기 위해 돈을 찍어내거나, 사업을 활성화하기 위해 신용 대출을 늘린다면, 지구상의 어떤 권력이나 속임수, 장치, 계략도 이로 인한 경제적 결과를 막을 수 없다."

계속 말해왔듯이, 세상에 공짜는 없다! 정부가 쉽게 돈을 만들어낼 수 있다는 생각은 정부가 아무런 제약 없이 돈을 쓸 수 있다는 생각만큼이나 허구적이다. 어떤 대가를 선택할 것인가? 인플레이션, 잘못된 자원 할당, 버블 경제의 붕괴, 저성장…. 잘못된 정책은 어떠한 희생도 피할 수 없게 만든다.

"고전경제학자의 입장에서, 기술의 진보가 전반적인 가격 하락을 가져올 것이라는 주장은 현대 골프 선수들의 장비가 더 낫기 때문에 평균 비거리가 점점 더 길어질 거라고 말하는 것과 마찬가지로 단순하다. 실제로는 달러가 안정적으로 유지된다는 전제 하에, 기술의 발전은 상품과 서비스를 생산하는 데 필요한 시간을 단축하게 될 것이다."

시장에서의 경쟁으로 가격이 하락할 수 있지만, 우리가 원하는 것은 가격 변화가 아니라 상품과 서비스를 생산하는 과정에서 삶의 질이 향상되는 것이다. 가격에만 초점을 맞추면 상품과 서비스의 생산 과정이 보이지 않는다. 통화 건전성과 안정성을 확보하는 방법에 대해서는 다양한 의견이 있을 수 있다. 그러나 그 목적을 무시하면 진정한 번영은 오지 않는다.

• 헨리 해즐릿

"인플레이션에 대한 가장 확실하면서 오래된, 그리고 고질적인 오류는 '돈'과 '부'를 혼동하는 것이다. … 부는 생산되고 소비되는 것, 즉 우리가 먹는 음식, 입는 옷, 사는 집, 사용하는 교통수단, 공장, 학교, 교회와 같은 것이다. 그러나 부와 돈을 혼동하게 만드는 강력한 언어적 모호성 때문에 이를 잘 구분하던 사람도 때때로 혼란을 겪는다."

돈은 교환의 수단이다. 안정적일 수도, 그렇지 않을 수도 있다. 부는 우리가 생산하는 것이 가져오는 결과다. 그렇기에 부는 억지로 만든다고 만들어지는 것이 아니다. 이를 이해하지 못하면 경제적 오류를 범할 수밖에 없다.

15장

정치권력

• 밀턴 프리드먼

"계획 경제는 경제가 권력의 집중과 분산에 영향을 미치기 때문에 정치적 자유를 종식시키는 주요 원인이 된다. 반면 경쟁적 자본주의는 경제와 정치를 분리하고, 서로 견제할 수 있도록 하기 때문에 정치적 자유를 촉진한다."

이 말에 담긴 의미는 매우 중요하다. 경제의 제약은 정치적 자유를 제한하고, 이는 다시 경제에 악영향을 미치는 순환 고리가 만들어진다. 반면 경제와 정치의 분리는 선순환을 만든다. 경제의 자유를 보장하기 위해 정치가 개입하지 못하도록 하는 방법은, 정부의 규모를 제한하는 것뿐이다.

• F.A. 하이에크

"경쟁 사회가 말하는 선택의 자유는, 누군가가 우리의 바람을 충족해 주지 않으면 다른 선택을 할 수 있다는 뜻이다. 하지만 선택지가 없이 누군가가 모든 것을 독점하고 있다면, 우리는 그의 지배 아래에 있을 수밖에 없다. 가장 큰 독점적 지위를 행사하는 존재는 나라의 경제 상황을 좌우할 수 있는 정부이다. 국가가 모든 것을 독점하게 되면 우리에게 무엇을, 어떤 조건으로 제공할지, 어떻게 분배할지를 결정하는 절대적 권한을 갖게 된다."

과도한 정치권력은 정치적 영역 안에 머무르지 않고, 반드시 경제에 문제를 일으킨다. 경제적 자유의 본질인 경쟁이 힘을 발휘하지 못하게 하기 때문이다. 과한 정치권력을 정당화하는 이들이 우리에게 가할 통제는 우리의 상상 이상일 것이다.

• 밀턴 프리드먼

"역사는 자본주의가 정치적 자유에 충분조건이 아니라 필요조건임을 보여준다. 파시스트 이탈리아와 스페인, 지난 70년 동안의 독일, 세계대전 시기의 일본과 러시아는 모두 정치적으로 자유롭지 못한 사회였지만 경제적으로는 민간 기업이 지배하는 형태였다. 이는 자본주의적 경제와 자유롭지 않은 정치 제도의 조합이 가능함을 보여준 사례이다."

중국의 덩샤오핑 시대와 그 이후가 이 말을 설명하는
또 다른 예가 될 것이다. 자유로운 사회는 경제와 정치 활동 모두
에서 자유를 누릴 수 있으며, 이 둘은 서로에게 양분을 공급한다.
그러나 한 영역의 자유가 다른 영역을 자유롭게 할 가능성을 높
일 수는 있어도, 이를 완전히 보장하지는 않는다. 경제적 자유가
없다면 정치적 자유도 불가능하다. 경제적 자유는 정치적 자유를
가능하게 하지만 이를 보장하지는 않는다. 정치적 자유가 없어도
경제적 자유는 어느 정도 가질 수 있지만 이 역시 언제나 그런 것
은 아니다. 정치적으로 자유롭지 못한 사회의 불완전한 경제적
자유는 세계적인 문제로 남아있다.

• 밀턴 프리드먼

"자유보다 평등을 우선하는 사회는 둘 다 얻지 못할 것이다. 평
등보다 자유를 우선하는 사회는 자유와 평등 모두를 높은 수준
으로 얻을 것이다. 시장의 자유를 반대하는 대부분의 주장은 자
유 자체를 불신하는 데서 온다."

프리드먼은 '닭이 먼저냐, 달걀이 먼저냐'의 문제를 명
쾌하게 정리했다. 평등에 자유를 종속시키는 것은, 정부가 어떤
강제성을 동원하여 사회적 영향을 미치고자 함이다. 평등을 비롯
한 모든 사회적 가치의 실현은 오직 자유의 보장을 바탕으로 해

야 가능하며, 그래야 지속할 수 있다. 강요는 평등을 만들 수 없다. 단지 일시적으로 평등해 보이는 현상을 만들 뿐이다. 자유를 믿는 사람만이 사회적 가치를 만드는 선구자가 될 수 있다.

16장

사회 조직

• 밀턴 프리드먼

"사회 조직에서 근원적 문제는 많은 사람들의 경제 활동을 어떻게 조정하느냐이다. 낙후한 사회에서조차 자원을 효과적으로 활용하기 위해서는 노동 분업과 기능의 전문화가 필요하다. 선진 사회는 더 복잡하기 때문에 조정할 것이 훨씬 많다. 자동차 생산 같은 일은 말할 것도 없고 단순한 밥 한 그릇에도 수백만 명이 다양하게 관여한다. 이러한 광범위한 상호의존 관계를 개인의 자유와 조화시키는 것이 자유주의자의 과제이다."

자유롭고 고결한 사회적 협동과 개개인의 행동은 닭과 달걀처럼 서로로 인해 존재하는 것이다. 개인과 사회의 이익에 가장 큰 위협은 이들과 무관한 제삼자의 개입이다.

• 애덤 스미스

"제도 내에서 자만심에 도취한 사람은 자기가 매우 현명하다고 생각할 수 있다. 지나치게 이상적인 통치 체제를 상상한 나머지 작은 일탈 같은 건 용납하지 않는다. 또한 자신의 계획이 어그러지는 경우는 생각하지 않고 모든 부분을 설계한다. 이것은 거대한 사회의 구성원을 마치 장기판의 말처럼 마음대로 할 수 있다고 착각하는 것이다. 사실상 그가 할 수 있는 일이라곤 그저 장기짝을 여기저기로 움직이는 것뿐이다. 그러나 모든 사람들이 그가 정한 법에 따라서만 움직이지는 않는다. 사회의 규칙과 개인 행동이 같은 방향으로 움직인다면 매우 조화롭고 행복 가득한 사회가 될 테지만, 그렇지 않을 경우에 사회는 무정부 상태가 될 것이다."

무엇 하나 더하고 뺄 것이 없는 완벽한 말이다.

• 유발 레빈

"현대 경제학이 계량화 가능한 변수를 제공함에도 불구하고, 자본주의는 기계나 과학 공식처럼 작동하지 않는다. 자본주의는 권위와 의사 결정을 분산하면서 많은 사람들이 원하는 것을 추구하는 체제이고, 시장에서의 성공 여부를 개인의 결정에 맡기는 것이 더 많은 부와 행복을 가져다준다고 믿는다. 그렇다고 해서 비열과 타락마저 마음대로 추구하도록 내버려두라는 것은 아니다. 우리는 믿는다. 사람들의 욕구 자체를 부정할 수는 없지만 선악을 구분하도록 가르칠 수는 있다는 것을 말이다. 이것은 이성의 통제가 아니라 도덕적인 교육으로 가능하다."

문명사회라면 당연히 어떤 틀에 준거해 사회적으로 조직되어야 한다. 문제는 중앙집권적 체제와 개인의 자유를 인정하는 체제 중 어느 것이 더 나은가 하는 것이다. 반쯤은 문제 안에 답이 있지만 나는 레빈의 말을 풀어서 설명하고자 한다. 시장 경제에서 최적의 사회 조직은 현명하고 도덕적인 분별력을 기본으로 가지고 있다.

• F.A. 하이에크

"완전한 자유를 추구한다는 것은 인간의 이성이 이룬 최고의 작품인 인간 사회라는 조직의 존재를 반대한다는 뜻이 아니다. 오히려 배타적인 특권을 누리는 특정 계급 조직에 반대하는 일, 사람들이 자신의 재능을 마음껏 펼치지 못하도록 억압하는 것을 반대하는 일이다."

중앙 통제 사회를 반대하는 사람들은 종종 혼란과 무질서를 옹호한다는 허황된 비난에 시달린다. 그러나 실상은 정반대다! 우리가 아는 인간의 본성은 모두 사실임이 입증되었고, 국가주의 사회 조직의 결과는 최악의 경우 폭정, 잘해봐야 강압적인 정실주의라는 것을 역사가 증명했다. 반대로 이성과 자발적 협력에 뿌리를 둔 사회 조직의 결실은 유례없는 평화와 번영이었다.

• 디드러
매클로스키

"근대 이후 최대의 악덕은 자만이다. 그것은 귀족이거나 귀족이 되고자 하는 이들의 노골적인 특징이다. 사회 통제가 가능하다고 보는 것, 지식의 상아탑이나 일부 총명한 영재가 시대의 지혜를 능가할 수 있다고 생각하는 것, 사회라는 복잡한 현상의 일부분에 불과한 통계상 숫자가 현실의 함의를 명징하게 드러낸다고 생각하는 것은 그야말로 오만이다."

여기에는 '지식 문제'에 대한 아주 중요한 언급이 있다. 이와 함께 상명하복식 사회 조직의 문제에 대한 언급도 들어있다. 비효율성이나 부적절한 비용만이 그러한 사회 시스템의 맹점을 보여주는 것은 아니다. 귀족이 되고자 하는 열망의 핵심에는 교만이 자리잡고 있다. 그것은 인간의 경험에 대한 경멸을 반영하고, 아무도 행할 자격이 없고 누구도 감히 감당할 수 없는 대중에 대한 통제를 소수의 엘리트에게 맡기려 한다.

• F.A. 하이에크

"사회과학 이론은 물리 현상을 파악하는 '법칙'들과는 다르다. 모든 사회과학 이론은 개별 사실을 연결하는 추론의 기술을 제공하는 것이지 논리학이나 수학처럼 사실에 관한 것이 아니다. 따라서 사회과학 이론의 검증이나 위조는 전혀 사실에 기반을 두지 않는다."

오늘날, 이론을 검증하지도 위조하지도 못하는 사회과학자들이 사회 조직 운영을 가장 힘들게 한다. 오히려 사회를 능숙하게 통제할 수 있다고 믿는 쪽은 실패를 걱정하지 않는다. 사회과학 이론의 특수성과 사실 기반 부족으로 인해, 실패를 책임지지 않고 핑곗거리를 만들어 이론을 수정하기만 하면 그만이기 때문이다. 그들은 소위 사회 '과학'이라는 미명 하에 권위와 신뢰, 전문가 대접만 챙기려 하고, 어떠한 책임도 지려고 하지 않는다. 그들에게는 꽤 괜찮은 일, 그들을 제외한 나머지에게는 어처구니 없는 일이다.

• 새뮤얼 그레그 박사

"경제적 자유와 자유로운 교환만으로 빈곤을 줄이기에 충분하다는 것은 시장주의자의 주장이 아니었다. 이런 것이 필수적이기는 하지만(계획 경제가 희소성 문제를 해결하지 못한 것을 보라), 그것만으로는 충분하지 않다. 빈곤을 줄이려면 정부의 안정적인 인프라, 사유재산의 보호, 그리고 무엇보다도 법치주의가 필수다. … 법치주의의 결여는 지속 가능한 부를 창출하려는 개발도상국에 큰 장애물일 뿐만 아니라, 경제 문제를 공정하게 다루는 능력도 저해한다. … 시장 경제를 옹호하는 학자들은 늘 경제 성장과 쇠퇴의 원인을 설명하는 데 있어 가치와 제도의 중요성을 강조해 왔다."

자유와 번영에 필요한 다른 요소는 고려하지 않고, 오로지 자유방임의 추구를 통해서만 번영을 이루려 한다는 비난은 진정한 시장주의자의 몫이 아니다. 사회주의자는 중앙 통제 사회를, 급진적 개인주의자는 국가가 필요 없을 수준의 사회 협력만을 옹호하겠지만 사회에 대한 우리의 진짜 비전은 법치주의, 재산권 방어, 그리고 이에 못지않게 중요한, 시장 경제의 성쇠를 지켜볼 수 있는 가치와 미덕에 뿌리를 두어야 한다.

• 조지 길더

"인간의 가장 뚜렷한 특징은 다양성이다. 경제가 자유로울수록 다양성이 더 많이 표출된다. 반대로 정치권력은 정부, 독점, 규제 기관, 엘리트 집단 할 것 없이 모두 위에서 아래로 인간의 다양성을 억누르고 질서를 강요한다. 즉 권력은 항상 중앙집권을 추구한다."

인간에게는 다양한 경험, 관점, 재능, 취향이 있다. 인간의 다양성을 가장 잘 보여주는 것은 '자유'라는 가치다. 중앙집권적 사회 조직은 이 다양성을 무너뜨리는데, 그보다 더 나쁜 것은 아무도 그 잘못을 인식하지 못한다는 것이다.

• F.A. 하이에크

"사람은 모두 다르다는 사실에서 출발해 동등하게 대우한다면 그들의 실제 위치에서 결과는 자연히 불평등이 된다. 사람을 동등한 위치에 두는 유일한 방법은 그들을 다르게 대우하는 것이다. 법 앞의 평등과 물질적 평등은 다를 뿐만 아니라 상충한다. 따라서 동시에 둘 다를 성취할 수는 없다."

불평등이 입힌 피해보다 평등을 추구하다가 생긴 피해가 훨씬 더 많다. 결과의 평등을 성취할 수 없는 것은 우리의 무능이 아니므로 부끄러워할 이유가 없다. 차라리 동등한 결과 추구가 드러내는 논리와 현실에의 도전이 부끄러운 일이다. 그런 사회를 만들어야 한다는 생각은 위험하고 헛되며, 궁극적으로 치명적이다.

• 밀턴 프리드먼

"수백만 명의 경제 활동을 조정하는 방법은 두 가지뿐이다. 하나는 중앙집권식으로 군대 혹은 전체주의 국가의 기술인 강압을 사용하는 것, 다른 하나는 개인의 자발적인 협력, 즉 시장의 기술이다. 후자는 거래가 자발적이면서 정보에 입각한 경우, 양쪽 모두 이익을 얻는다는 것을 기본적(그러나 종종 부인되는) 전제로 하므로 강요 없는 조정이 가능하다. 이렇게 조직된 사회가 우리가 경쟁 자본주의라고 불러온 진정한 민간 기업 교환 경제이다."

자유로운 교환에서 양쪽 모두가 번영하는 사회적 협력이 나오는 데 비해, 강요에서는 전체주의, 즉 폭정이 나온다.

• 헨리 해즐릿

"다른 나라에 하는 대외 원조는 국가주의, 중앙 통제, 사회주의, 의존성, 빈곤화, 비효율성, 낭비를 촉진한다. 대외 원조는 결국 그것이 치료하려는 가난을 연장할 뿐이다. 반면 자발적 민간 투자는 자본주의, 생산, 독립, 자립을 촉진한다."

'해외 원조'는 지난 30년 동안 가장 많은 토론과 실험을 요구한 주제였다. 이만큼 어렵게 얻은 교훈이 많은 주제도 드물다. 원조를 받아온 국가가 부를 창출하는 원동력, 오랜 기간 검증된 생산 도구와 기업가정신을 취하는 모습을 보기는커녕, 여전히 그곳에 만연한 부패, 지원의 수혜를 가로채는 교활한 자, 다시 의존이라는 악순환의 비극을 지켜보는 것은 참담한 재앙이었다.

• 토머스 소웰

"휠체어를 타던 사람이 한 달 후에는 다시 걷게 되고, 올해가 끝나기 전에 육상 경기까지 나갈 것으로 예상된다면, 그가 오늘 당장 걷지 못한다 해서 장애인으로 분류하는 것이 무슨 의미가 있는가? 그러나 미국인들은 소득 흐름에서 일시적인 위치를 기준으로 '계급'이라는 꼬리표를 받는다. 이들이 10년 동안 동일한 소득 계층에 머무를 게 아니라면, 반복적으로 변화하는 '계급'은 그 자체로 모호한 것이다. 그러나 지식인들은 수백만 명의 상호작용을 설명할 때 세상을 계급적 관점으로 보는 것에 익숙하다."

계급의 언어는 그 이면에 있는 생각만큼이나 모욕적이다. 억압을 구조화하려는 이기적인 이념가들이 이를 이용한다. 인종과 성별과는 달리, 수직 이동을 옹호하는 사회에서 한 사람의 '계급'은 얼마든지 바뀔 수 있다. 역동적인 사회에서 '계급'은 매우 일시적인 표현이어야 한다. 그에 집착하는 태도에서 타인을 억압하려는 자의 의도가 드러난다.

• 밀턴 프리드먼

"우선 한번 말해보라. 당신은 탐욕에 의존하지 않는 사회를 알고 있는가? 러시아는 탐욕적이지 않은가? 중국은? 애초에 탐욕이란 무엇인가? 나는 욕심이 없는데 항상 다른 사람이 욕심을 부리는가? 그러나 생각해 보라. 세상은 개인의 이익을 추구하는 곳이다. 문명의 위대한 업적은 정부 기관에서 나온 것이 아니다. 아인슈타인은 관료의 지시를 받고 이론을 만들지 않았다. 헨리 포드도 그런 식으로 자동차 산업에 혁명을 일으킨 것이 아니다. 대중이 극심한 빈곤에서 탈출한 유일한 경우, 역사에 기록된 유일한 사례는 자본주의 체제에서 자유무역을 행했던 경우뿐이다. 어떤 사회가 더 가난한지, 가장 가난한지 알고 싶다면, 바로 자본주의가 아닌 사회들을 보면 된다. 역사의 기록은 절대적으로 명확하다. 자유 기업 체제가 아니고서는 평범한 사람들의 삶을 개선할 수 있는 방법이 없다.

정치적 사리사욕은 괜찮고 경제적 사익 추구는 안 될 이유가 있는가? 그렇다면 우리를 위해 사회 조직을 만들 완벽히 순결한 이들은 도대체 어디에 있단 말인가?"

1979년 필 도나휴Phil Donahue 쇼*를 기억한다면 이 내용

---

* 뉴스 앵커였던 필 도나휴가 진행한 TV 토크쇼. 25년 이상 미국 전역에 방송되었으며 보수와 진보 진영 사이의 문제를 종종 다루었다.

을 알 수도 있다. 나는 이 말이 책 전체를 관통하는 화두로 작용하길 바란다. 프리드먼은 시장 행위자가 탐욕스럽다는 비겁한 주장을 정면 반박하며 집단주의자의 탐욕을 지적한다. 또한 시장 경제가 대중을 빈곤에서 벗어나게 한 역사적 사례를 재확인한다. 그는 자유 기업의 본질인 생산 활동이 인간의 번영을 불러온다고 본다. 그리고 근본적으로, 사회 조직은 명령과 통제가 아닌 자유와 협력의 추구로부터 발생한다고 말하고 있다.

17장

사유재산

"우리가 역사에서 배울 한 가지가 있다면, 그것은 사유재산이
문명과 불가분의 관계에 있다는 것이다."

집단주의자의 위대한 업적은 소유자의 탐욕을 중심으
로 사유재산을 논의하는 틀을 구축했다는 것뿐이다. 사유재산
에 부정적 의미를 두면 그 옹호자는 방어적이 되기 마련인데, 사
실 사유재산을 보호하고 장려하는 체제는 문명에 필수적이다. 역
사를 보면 명확하다. 사유재산이 법으로 보장되지 않는 곳은 혼
란이 지배한다. 사유재산과 그 개념을 건전하게 존중하는 곳에는
문명이 있다.

• 토머스 소웰

"미국을 건설하고 헌법을 만든 사람들은 재산권이 다른 모든 권리를 보호한다고 보았다. 만약 국가를 비판한 죄로 소유한 재산이 압류된다면 언론의 자유라는 권리는 무의미할 것이다."

사유재산은 권리장전에서 찾을 수 있는 단어가 아니다. 그것은 오히려 그 안에 열거된 다른 모든 권리의 본질이다.

• 프레데리크 바스티아

"생명, 능력, 생산, 다시 말해 개성, 자유, 재산, 이것이 인간이다. 정치가들의 교활함에도 불구하고, 우리에게 주어진 이 세 가지 선물은 여전히 모든 법제에 앞서고 그보다 우월하다. 인간이 법을 만들었기 때문에 생명, 자유, 재산이 존재하는 것이 아니라, 애초에 그것이 먼저 존재했다는 사실 때문에 인간은 법을 만들었다."

자유 사회의 토대가 되는 권리를 옹호하려면, 이 '닭이 먼저냐 달걀이 먼저냐' 하는 문제는 매우 중요하다. 재산을 소유할 수 있는 이유가 그런 법이 있기 때문이라고 말한다면, 사유재산을 국가에 종속시키는 것이나 다름없다. 국가는 사유재산권을 옹호하는 행위자이지 재산권을 부여하는 당사자가 아니며 그럴수도 없다. 사회가 번영하려면 하나, 재산과 권리는 분리할 수 없

는 것이며 또 하나, 국가는 그 권리의 공정한 옹호자 역할을 해야
한다는 두 가지가 확실해야 한다.

• 밀턴 프리드먼 "나는 법이 사유재산권을 인정하고, 개인에게 각자 책임지고,
통제하고, 처분할 수 있는 무언가를 소유하고 있다는 느낌을 주
는 것이 최고의 자유라고 생각한다."

소유의 조건은 책임, 통제 및 처분권이다. 사적 소유와
그에 대한 보호는 십계명의 여덟 번째 계명*만큼 오래되었지만,
여기에 더해 사유재산에서 파생되는 이로움도 마찬가지로 보호
받아야 한다. 그것은 관리와 책임 의식의 함양, 그리고 자원의 효
율적 분배를 의미한다.

• 교황 비오 12세 "사유재산은 노동, 즉 인간의 치열한 활동의 산물이다. 자신과
가족의 안전과 번영을 위해, 경제적, 정치적, 문화적, 종교적 자
유를 위해 자신의 힘을 쏟겠다는 개인의 열정적인 결심에서 사
유재산이 발생한다."

* 　개신교 십계명의 여덟 번째 계명은 '도둑질하지 말라'이다.

25년 후에 요한 바오로 2세도 그랬지만, 20세기 중반의 이 선대 교황도 사유재산의 힘을 이해하고 있었다. 마르크스주의와는 반대로, 사유재산을 통해 우리 삶에 필수적인 것을 얻을 수 있다는 것이다. 사유재산을 관리하는 인간 활동은 영혼을 부패시킨다는 우려와 달리 삶의 여러 측면에서 인류 전체에 도움이 되었다.

• 액튼 경(卿)

"사유재산 제도를 반대하는 사람들에게는 자유의 첫 번째 요소가 빠져 있다."

자유의 본질은 사유재산에 있다. 자유롭게 소유하거나 관리하지 못하고, 그가 소유한 것에 결정을 내릴 수 없는 인간은 자신의 다른 자유도 지킬 수 없을 것이다. 사유재산에 대한 낮은 인식은 필연적으로 자유를 존중하지 않는다는 의미이다. 자유를 존중하면 사유재산 역시 존중하게 된다.

• F.A. 하이에크

"사유재산 제도는 재산을 소유한 사람들뿐만 아니라 소유하지 않은 사람들에게도 자유를 가장 우선으로 보장한다."

사유재산을 옹호하는 사회는 법과 질서, 자기 보호, 보상이라는 가치를 공유한다. 또한 소유자뿐 아니라 소유하고자 열망하는 사람들에게도 정당한 권리와 자유를 제공한다. 사유재산이라고 해서 단지 토지, 부동산 같은 실물 자산만을 떠올릴 필요는 없다. 제대로 돌아가는 사회의 핵심에는 은행 계좌, 주식 포트폴리오, 지식재산권 특허, 자동차, 장난감 및 옷 등 모든 것에 대한 소유권이 개인에게 존재한다.

18장

개인의 책임

• F.A. 하이에크

"우리는 오직 자유 안에서만 재화를 효율적으로 사용할 수 있고, 양심에 따른 삶을 살 수 있다. 자유 안에서만 도덕관념이 성장하고, 개인의 자유로운 결정에 따라 도덕적 가치가 날마다 재창조된다. 윗사람에 대한 책임이 아니라 자신의 양심에 대한 책임, 강요가 아닌 도덕적 의무에 대한 인식, 자신이 남을 위해 희생할 수 있는 정도, 그리고 결과를 감수하는 것, 이러한 것들이 자유라는 이름에 걸맞은 모든 도덕의 본질이다."

개인의 책임을 강요하면 올바른 도덕관념을 형성할 수 없다. 옳은 일이든 그른 일이든 자신이 만든 결과에 스스로가 책임을 질 때, 경제적 정의와 공정한 기회를 위한 토대뿐만 아니라 비로소 각자의 도덕이 존재할 수 있는 환경이 조성되었다고 할 수 있다.

• 찰스 G. 코크 "사회적 진보를 이루기 위한 가장 훌륭하고 지속 가능하며 유일한 방법은, 국민에게 (공정한 범위 내에서) 사익 추구의 자유를 허용하는 것이다. 타인이 한 선택을 받아들이도록 강요하기보다는, 실수를 하더라도 개인이 자유로운 선택을 할 수 있어야 한다."

'스스로 일궈낸 성공'이 우리 삶의 행복과 지속적인 만족의 원천이라는 것은 경험이 증명한다. 의미 있는 인간관계와 함께, 성취를 추구하는 우리의 동기는 좋은 삶을 위한 기초가 된다. 성공을 거두려면 자유가 필요하고, 여기에는 실패할 자유 역시 포함된다. 실패할 자유로부터 실패를 뛰어넘을 기회가 온다. 신이 창조한 질서 속에서 스스로 실패를 극복하는 것보다 더 인간에게 존엄성과 지속적인 기쁨을 가져다주는 것은 없다.

• 라이오넬 트릴링 "동료들을 계몽의 대상으로 삼는 순간, 그들은 우리가 연민할 대상이 되고, 그 다음에는 지혜를 가르칠 대상이 되며, 궁극적

으로 강요의 대상이 되어버린다."

사회 질서에 대한 관점은, 개인의 책임에서 출발하지 않는 한 모두 강요로 이어진다. 선의에서 시작했을지라도, 타인의 결정을 부정하는 것은 그를 연민의 대상으로 만들고, 결국 우리의 기대를 그에게 강요하는 것이다. 강요는 암묵적으로 최종 결과에 영향을 끼친다. 반면에, 우리 관점의 토대를 개인의 책임에 두는 것은 선택 의지를 허용한다. 개인은 자신의 선택이 좋든 나쁘든 스스로 그 결과를 책임진다. 동시에 타인에게도 자신의 생각을 강요하지 않는다. 누구도 각자가 자신만의 옳은 결과에 도달하는 것을 강제할 수는 없다.

• F.A. 하이에크

"자유란, 개인이 선택의 기회와 부담을 온전히 가짐을 의미할 뿐만 아니라, 행동의 결과를 감수하고, 그에 따르는 칭찬이나 비난 또한 모두 받을 것임을 의미한다. 자유와 책임은 떼려야 뗄 수 없는 것이다."

이보다 더 명확한 설명이 있을까? 자유와 책임의 대칭 관계는 두려워하거나 저항할 일도, '반쪽만 익은 과일'처럼 일부만 좋은 것도 아니다. 그것은 본질 그 자체이며, 실제로 둘은 서로를 의지한다. 하나를 앗아가면 다른 하나도 죽는다.

"가족은 '제약'을 내포한 단어다. 가족은 정부를 포함한 다른 어떤 기관보다도 개인을 효과적으로 제약한다. 그래서 기독교 윤리는 모두의 제약을 가능케 하는 가족의 가치를 추구한다. 효과적인 제약에 실패한 큰 정부를 거부하고, 정부가 가족처럼 훌륭한 관리자 역할을 하지 못함을 질책한다."

자치권이 부족할수록 큰 정부가 들어선다. 이 자명한 진실은 국민과 국가 관계의 핵심이다. 중재 기관 중 '가족'이 가장 큰 영향력을 지니며, 가족은 자치, 희생, 협력 및 제약의 효과적인 관리자 역할을 하여 동기를 조절한다. 국가는 개인을 제약하는 데 실패했고, 가족 제도가 그것을 성공시켰음을 보여주는 증거가 바로 문명이다.

"책임감의 감소와 실질적인 자유 의지의 부재는 국내외 정책 문제에 대한 국민의 무지와 판단 부족으로 이어진다. 교육을 잘 받은 사람들과 비정치적인 영역에서 성공한 사람들마저 그러하다는 점은, 교육이 부족한 이들의 경우보다 더욱 충격적이다."

개인의 책임감 쇠퇴는 비생산적인 공공 정책을 묵인하고, 현명하지 못한 공공 정책은 다시 개인의 책임감 쇠퇴로 이어진다. 공적인 영역에서 이 악순환은 무엇보다도 위험하며, 다른 이유를 떠나 원인과 결과가 모호해진다는 점만으로도 문제의 해결을 거의 불가능하게 한다.

• 루트비히 폰 미제스

"모든 사람은 사회의 일부를 어깨에 짊어지고 있다. 아무도 다른 사람에게 자신의 책임을 전가할 수 없다. 사회가 파멸로 치닫고 있을 때, 일부 사람에게만 안전한 탈출구란 없다. 그러므로 모두가 지적인 싸움에 스스로를 힘차게 밀어 넣어야 하며, 아무도 무관심하게 물러나 있어선 안 된다. 그 결과에 모두의 이익이 달려있다. 선택이든 아니든, 모든 이는 위대한 역사적 투쟁, 즉 우리 시대의 결정적인 싸움에 참여하게 된다."

이 말은 투쟁의 지적 본질과 이탈의 도덕적 결과라는 두 가지 책임을 강조한다. 무관심은 선택 사항이 아니다.

• 토머스 소웰

"아무도 자신의 행동에 책임을 지지 않아서 결국 우리는, 우리가 하지 않은 일을 모두 함께 책임져야 하는 상황으로 가는 것

같다."

이는 문화적인 좌절감을 드러내는 영악한 방법도, 눈감아 줄 만한 변명도 아니다. 개인의 무책임이 어느 사회에서나 피할 수 없는 일이라 해도, 이런 현상을 내버려 두거나 지지한다면 그 책임을 결국 다른 사람에게 전가하는 꼴이다. 종국에는 아무도 책임을 지지 않고, 잘못한 사람들이 책임을 져야 할지 아니면 사회가 책임을 져야 할지까지 따지게 된다.

——— •막스 베버 "신념의 윤리와 책임의 윤리는 서로 반대되는 것이 아니다. 상호 보완적인 것이다."

책임감 있는 사람은 신념에 충실하고, 신념을 가진 사람은 개인과 공공의 삶에 더 많은 책임을 질 것이다. 책임과 신념은 상호 보완적일 뿐만 아니라 불가분의 관계에 있다. 책임을 무겁게 느끼는 신념이 없다면 책임은 존재할 수 없다. 그리고 책임감 있는 의사 결정으로 이어지지 않는 확신은, 신념이 아니라 환상이나 사기일 뿐이다. 책임의 윤리가 불러오는 경제적 파급 효과는 사회 조직에 나타난다. 확신과 책임 있는 삶을 모두 반영하는 조직에서 비로소 시장 경제에 대한 신뢰를 촉진하는 사회적 역학이 생겨난다.

"개인을 각자의 어리석음으로부터 보호하는 것이 정부의 의무라는 주장이 인정되면, 더 이상의 침해에도 심각한 이의를 제기할 수 없게 된다."

우리는 이를 '제한 원칙의 부재 문제'라고 부른다. 정부가 개인의 보호자임을 인정하는 것은 제한 원칙의 일관성도 결여되어 있을뿐더러, 공공 정책의 큰 실패로 이어진다는 것이 드러났다. 국민과 국가에 대한 이러한 견해는 국가에 과도한 힘을 허용하고, 더 나아가 국민을 어리석게 만든다. 물론 후자가 더 큰 죄악이다.

"진정한 빈곤은 소득의 상태라기보다는 마음의 상태이다."

이것은 결코 빈곤의 비극을 경시하거나 성실한 사람에게 닥칠지도 모르는 불행을 부정하는 것이 아니다. 하지만 마음가짐으로 빈곤을 극복할 수 있고, 그 마음가짐은 개인의 책임이다. 품위, 끈기, 회복력, 그리고 인내는 어떤 정부 정책보다 뚜렷하게 빈곤을 끊겠다는 마음가짐을 보여준다. 이 마음가짐이 소득을 만들어낸다는 것도 좋지만, 마음의 빈곤을 막아주리라는 점은 더욱 좋다.

• F.A. 하이에크

"책임으로부터의 탈피를 주된 목표로 하는 운동은, 탄생 배경이 아무리 숭고하더라도 그 결과가 반도덕적일 수밖에 없다. 불평등을 바로잡아야 한다는 개인적 의무감이 희미해지고, 개인에게서 책임과 선택의 의지도 찾아보기 힘들어졌다는 것에는 의심의 여지가 없다. … 국가주의에 빠지면 도덕적 해이가 만연하고, 또 다른 형태의 불평등이 생긴다. 사람들은 일말의 가책도 없이 쉽게 집단 이기주의에 빠지고, 책임지는 이는 아무도 없을 것이다."

이 윤리학은 반드시 수용해야 한다! 개인의 도덕적 동인이 점차 국가로 옮겨가면 개인은 사기를 잃는다. 사회의 핵심에서 개인의 책임을 없애면, 더 통일되고 집단적으로 행동하는 사회가 되는 것이 아니라, 구속과 질서가 모두 외주화되는(그마저도 완전히 사라져버리지 않는다면 말이다.) 사회가 된다.

"개인의 책임이라는 가치를 진정으로 신봉하면, '사회'에서 부당한 대우를 받는 사람들을 구원한다는 소위 엘리트들의 특별한 역할은 필요 없어진다."

개인의 책임을 소홀히 한 이들을 사면하는 사람들의 의도가 무엇이든, 이해관계는 상충될 수밖에 없다. 사회에 대한 이러한 비전은 구원이 직업인 사람들과, 구원되는 역할만 하는 사람들을 만들어낸다. 이 구조는 전자의 오만과 무지 때문에 사라져야 할 뿐 아니라, 그것이 후자의 존엄을 빼앗는 방식 때문에도 없어져야만 한다. 개인의 책임을 옹호한다는 것은 모든 인간을 고귀한 존재로 여기는 것이다. 설령 그들이 스스로를 그렇게 여기지 않을지라도 말이다.

"모든 것을 정부에 과도하게 의존하는 시민들은 무엇을 하든 정부에 의존하게 되고, 결국 정부가 요구하는 것은 무엇이든 하게 된다. 그러는 동안 그들의 진취성과 자존심은 무너진다."

두말할 필요 없는 악순환이다. 인간의 정신은 의존성 때문에 파괴되며, 그런 이는 통치자의 권위에 매인 농노로 전락하게 된다. 결국 신이 주신 목적을 박탈당한 사람들을 '도와준다'

는 명목으로 정부가 인간의 존엄성과 정신을 파괴하기에 이른다.

• 토머스 소웰

"습관과 태도의 차이는 지식과 기술의 차이만큼이나 인적 자본의 차이라고 할 수 있으며, 그러한 차이는 경제적 결과에도 차이를 가져온다."

습관과 태도는 종종 지식과 기술보다 경제적 결과에 더 큰 차이를 만든다. 이러한 사실 때문에 경제적 결과를 조작하는 시도는 결코 성공할 수 없다. 인적 자본의 차이는 항상 다른 결과를 낳는다. 인적 자본은 습관, 태도, 능력의 조합이다. 개인의 책임을 신봉하는 사람은 긍정적인 결과를 내기 위한 습관과 태도를 지지한다.

• F.A. 하이에크

"개인의 책임을 가볍게 여기는 곳에서는 선도 악도 없고, 도덕적 가치를 위한 기회도 없으며, 옳다고 생각하는 것에 자신의 욕망을 희생함으로써 확신을 증명할 기회도 없다. 책임과 희생의 자유가 있는 곳에서만 우리의 결정에 도덕적 가치가 생긴다. 선택의 여지가 없다면 개인의 희생도 의미가 없다. 그냥 강제된 일을 행했을 뿐이기 때문이다. 모든 면에서 좋은 일을 하도록 강제되는 사회 구성원은 칭찬받을 자격이 없다."

자신의 행위에 어떤 책임도 요구되지 않는다면, 그 사람이 선행을 했다고 해도 칭찬받을 필요가 없다. 자발적인 책임감을 느껴 선행을 한 것이 아니기 때문이다. 반대로 개인의 잘못에 책임을 묻는 사회에서는 선행에 대한 보상과 칭송 또한 마땅히 주어진다.

19장

사회주의

• 루트비히 폰
미제스

"사회주의 옹호자들은 스스로를 진보주의자라 칭하면서도 엄격한 일상 준수를 고집하고 개선에는 반대하는 체제를 추구한다. 스스로를 자유주의자라면서 자유를 폐지하는 데 전념하고, 스스로를 민주주의자라면서 독재를 갈망한다. 혁명가를 자처하지만 전능한 정부를 만들고 싶어 하며, 영원한 축복의 낙원을 약속하지만, 세계를 거대한 우체국으로 바꾸려 한다. 한 사람을 제외하고는 모두 지국에 있는 하급 서기인 것이다."

자유 시장과 고전적 자유주의를 옹호하는 사람들이 저지르는 치명적인 실수는, 반론을 제기할 때 많은 사회주의자들이 제시하는 전제 자체를 수용하면서 반박한다는 것이다. 실수의 핵심을 짚자면, 사회주의는 단순히 효율성이나 후속 조치가 부족할 뿐인 선의의 신념 체계가 아니다. 그 신념은 내부에 모순이 무수히 많고, 그로부터 나오는 참담한 결론은, 좋은 기초에도 불구하고 불가피하게 생겨난 것이 아니라 잘못된 기초의 결과이다.

• F.A. 하이에크

"목표가 수단을 정당화한다는 원칙은 모든 도덕을 상대적인 것으로 여기는 지극히 개인주의적인 윤리관을 보여준다. 그럼에도 불구하고 집단주의 윤리에서는 그러한 생각이 최고의 규칙이 된다."

이것은 사회주의가 가진 도덕적 딜레마다. 개인의 삶에서 비윤리적인 원칙을 사회 전체에 적용하려 하니 말이다.

• 토머스 소웰

"역사를 공부하는 중요한 이유는, 오늘날 유행하는 어리석은 생각들이 전에도 시도되었을 뿐 아니라 몇 번이고 재앙으로 증명되었기 때문이다."

21세기 사회주의 지지자들은 20세기 사회주의의 결과를 조사해 보면 좋을 것이다.

• 러스 로버츠

"자본주의 체제에서는 인간이 인간을 억압하지만, 사회주의 체제에서는 제도가 인간을 억압한다."

이는 내가 가장 좋아하는 인용구 중 하나로, 문장 자체의 재치와 예리함만 매력적인 것이 아니라 (위트와 재치를 통해) 스미스와 마르크스가 대립하는 가장 심오한 지점을 보여준다는 점이 압권이다. 집단주의자들은 시장 경제에서 그들이 두려워하는 인간의 어두운 면을 피할 방법을 찾지 못했다. 그들은 나쁜 행위자를 이해관계 없는 제삼자로 대체했을 뿐이며, 최악의 경우에는 전체주의의 괴물로 대체하기도 했다.

• 디드러 매클로스키

"이해하기 힘든 이유로 1848년 이후의 성직자들은 자유주의에 대항해 민족주의와 사회주의 쪽으로 돌아섰다. 그들은 오늘날 우리가 자유주의에 가까운 사회에서 살아가는 방식을 조롱해 왔다. … 성직자들 사이에서는 이런 비관론을 보상한다는 소위 반자유주의적 유토피아가 인기를 끌었다. 그 암울한 허상을 다룬 책들은 수백만 권이 팔렸다. 그러나 20세기 민족주의와 사회주의, 공장의 노조 지상주의와 중앙 권력의 투자 계획, 제대로 기록되지 않은 상상 속 시장의 불완전성을 규제하려는 실험은 모두 효과가 없었다. 또한 우리가 지금 어떻게 살고 있는

지를 비관적으로 보는 시각의 대부분도 오류로 판명났다. 이는 당혹스러운 일이다. 아마도 당신은 여전히 민족주의나 사회주의, 규제를 믿고 있을 수 있다. 그리고 성장이나 소비주의, 환경이나 불평등에 대한 비관론에 사로잡혀 있을지도 모른다. 제발, 가엾은 사람들을 위해 다시 생각해 보라."

이 말은 더할 나위 없이 완벽하다! 비관주의는 실패한 이념이었고, 그에 따라 설계된 유토피아 역시 실패로 돌아갔으며, 그 여파로 대학살을 남겼다. 자유주의 사회는 이상주의에 대한 해독제다. 비관주의와 이상주의로 점철된 사회주의를 거부해야 자유롭고 덕망 있는 사회가 탄생한다.

—————————— "결과보다 의도로 정책이나 제도를 판단하는 것은 큰 실수이다."
• 밀턴 프리드먼

나는 모든 사회주의적 노력이 위대한 의도에서 비롯했다고 생각지 않는다. 오히려 대다수가 그 반대였다. 우리는 사회주의가 의도한 결과가 어떻게 나타났는지를 분석하는 고된 일을 해야 한다. 그걸 하고 나면 집단주의는 훨씬 더 나쁜 점수를 받을 수밖에 없다. 다만 이 분석이 힘든 이유는 사회주의가 대중의 마음을 홀려 사로잡기 때문이다. 대중은 혜택을 누리지 못하는 이들을 위하고 평등의 축복을 추구하는 것이 사회주의라고 믿는다.

"사회주의가 약속한 더 많은 자유가 자유주의자들을 유혹하고, 사회주의와 자유주의 간의 갈등에 눈을 감게 한 결과, 자유주의는 종종 사회주의자 집단에 '자유당'이라는 이름을 빼앗기기도 했다. 많은 지식인들이 사회주의가 자유주의 전통을 명백하게 계승한다고 생각했다. 그들은 사회주의가 자유의 반대편을 지향한다고는 상상도 하지 못했을 것이다."

세상의 모든 일을 지배하려는 이데올로기와 개선을 거부하는 상태가 만나면 굉장히 위험하다.

"사회주의의 실패는 보통 불 보듯 뻔한 일이어서 지식인이라면 이를 무시하거나 피할 수 있을 것이다."

내가 사회주의에 반대하여 제기할 모든 도덕과 경제 문제에 대해, 누군가는 단지 역사의 증언을 기다리기만 하면 된다고 생각할 것이다. 하지만 실상은 정반대다! 한 세기에 걸친 끔찍하고 형언하기 힘든 결과에도 불구하고, 지식인들은 실패한 이론

을 계속해서 지지해왔다. 어떻게 그럴 수 있을까? 선택된 소수의
사람들이 나머지를 위해 경제를 지휘할 수 있다는 순수하고 완고
한 믿음 때문일까? 아니면 나머지를 위해 경제를 지휘하는 선택
된 소수에 속하고 싶은 욕망 때문일까?

• 타일러 코웬

"사람들은 사업 안팎에서 사기를 저지르고, 그들이 남긴 증거는
사업 안에서와 마찬가지로 사업 밖에서도 그들이 정직하지 않
음을 보여준다."

사회주의나 집단주의 또는 다른 강력한 통제 경제가 이
윤을 추구하는 인간 본성의 병폐를 제거할 것이란 전제는, 잔인
하고 고통스러운 현실을 뒤에 숨긴다. 사실 인간의 본성은 이익
을 추구할 때보다 권력을 추구할 때 더 무섭다.

• 새뮤얼 그레그
박사

"빈곤 완화의 필수 요소로 여겨지는 부의 재분배 정책은 목표를
달성하지 못했다. 따라서 현대 사회에서 부와 가난을 진지하게
논하려면, 우선 모든 종교인들부터 그러한 접근법이 실패한 이
유를 자문해야 한다."

이는 단순히 사회주의에 대한 고발이라거나, 정곡을 찌르는 비판이 아니다. 위대한 사회, 복지 국가, 그리고 강제적인 부의 재분배가 빈곤의 치료법이라는 생각 자체에 대한 고발이다. 재분배가 실패한 이유는 우선 부의 증대보다 부의 분배를 믿는 문제를 잘못 진단했기 때문이고, 더 나아가 우리가 해결하고자 하는 근본적인 문제, 즉 개인의 존엄성에 대한 존중을 부의 재분배라는 행위가 제대로 포착하지 못했기 때문이다. 사람들을 의존하게 만들어서 빈곤의 비극을 치유하는 것은 헛된 일이며, 비극을 또 다른 비극으로 대체하는 일일 뿐이다.

• 토머스 소웰

"경제학의 첫 번째 교훈은 희소성이다. 모두가 만족할 만큼 넘치도록 충분한 것은 어디에도 없다. 그런데 정치의 첫 번째 교훈은 바로 경제학의 이 첫 번째 교훈을 무시하는 것이다."

정치권의 비극은 경제적 진실을 포용하기보다 외면함으로써 더 많은 정치적 이득을 꾀할 수 있다는 것이다. 희소성은 경제의 핵심이며, '부족한 자원을 균등하게 할당하려면 대가가 따른다'는 것은 논란의 여지가 없는 경제 법칙 중 하나다. 그러나 정치의 틀에서는 이러한 원칙이 가차 없이 부정된다.

20장

자본의 분배

• 러스 로버츠

"어리석게 돈을 쓰는 것이 부자가 되는 방법이라고 논리적으로 주장하기는 매우 어렵다."

이는 아마도 케인스주의에 대한 가장 간단명료한 반박일 것이다(비록 이 책에는 다른 단순한 반박도 많지만). 그러나 케인스주의의 기본 원칙 중 하나는 좀 더 언급할 필요가 있다. 있는 그대로 요약하자면, 총수요 조작을 통한 어리석고 불필요한 지출이 공공의 이익을 크게 촉진할 수 있다는 것인데, 우리는 이 주장을 진정한 논리적 결론으로 축소해야 한다. 어리석게 돈을 쓰는데 어리석지 않은 결과를 가져올 수는 없다. 그런 생각은 경멸을 받아 마땅하다.

• 토머스 소웰 "시장이 우리가 생각한대로 돌아가지 않는다고 해서, 자동적으로 정부가 더 잘할 거라고 가정할 근거는 없다."

시장 경제에서 자원이 배분되는 방식을 생각하면 '완벽'을 가정할 필요가 없다. 물론 나의 불완전한 관점에서도 자본이 더 효율적으로 분배될 수 있었다고 생각한 경우는 더러 있다 (이 또한 나만의 특정한 관심사나 강조점 때문에 왜곡될 수 있을 것이다). 다만 집단주의자의 문제는 이러한 개인적인 느낌을 수용해, 아무런 이해관계가 없고 관료주의에만 매몰된 제삼자인 정부를 자본 배분의 주체로 삼았다는 데 있다.

• 밀턴 프리드먼 "남의 돈을 자기 돈처럼 조심스럽게 쓰는 사람은 없다. 다른 사람의 자원을 자기 것처럼 신중하게 사용하는 사람도 없다. 그러므로 오직 사유재산을 통해 효율과 제대로 된 지식 활용을 꾀해야 한다."

여기서 우리는 사유재산에 대한 부인할 수 없는 공리주의적 현실, 즉 최적의 자원 할당은 자신의 재산을 위해 움직이는 사람들로부터 나온다는 것을 알 수 있다. 이는 이해관계가 없는 제삼자보다 소유주가 자신의 것을 더 잘 안다는 당연한 사실을 넘어, 전체 자원 분배 생태계를 설명한다. 즉 자신의 자산, 자원, 소유물을 보유하고, 관리하고, 육성, 개발하고, 생각하고, 혹은 청산하는 개인의 결정이 그럴싸한 대안보다 더 현명하고 효율적인 과정과 결과를 도출한다.

• 장 바티스트 세

"공급은 그 자체로 수요를 창출한다."

세상을 바꾼 이 문장에서 이미 1800년대 초에 발표된 공급경제학의 탄생이 포착된다. '세의 법칙'은 공급경제학의 기본 전제일 뿐 아니라 애덤 스미스 이후 고전경제학의 가장 의미 있는 역작이다.

• 로버트 L. 바틀리

"고전경제학의 기본 명제였던 '세의 법칙'은, 생산이 자체적으로 수요를 창출한다는 것이다. 다시 말해 경제는 '순환하는 과정'이다. 무언가를 생산할 때 당신은 생산 비용을 쓰게 된다. 상품을 만드는 회사는 그 돈을 직원들에게 지불하고, 직원들은 그 돈으로 상품을 구매한다. 이것을 경제, 즉 수많은 상품으로 확장한다면, 경제라는 그림을 전체적으로 그려볼 수 있다."

공급경제학 운동이 일어나기 전에는 '장 바티스트 세'와 '세의 법칙'이 있었다. 수요를 강조하는 케인스주의와 달리 생산(또는 공급) 중심의 관점이다. 이 법칙은 사람들이 생산을 위해 돈을 지불하며 발생하는 경제 순환에 초점을 맞추었다는 면에서 경제학의 진수를 보여준다.

나는 인간은 생산하기 위해 창조되었고, 소비는 우리의 생산에서 비롯된다는 존재론적 요소를 강조하고 싶다. 우리는 생산을 먼저 한 후에만 소비할 수 있고, 다른 사람이 이미 생산한 것만 소비할 수 있다. 이는 곧 바틀리가 언급한 경제의 선순환일 뿐만 아니라, 인류의 존엄을 승인하고 유용성과 생산성, 목적성을 추동하는 일이다.

• 타일러 코웬

"은행 시스템에 필요한 것은 위험을 감시하고 회피하는 채권자들이다. 규제 당국과 달리 채권자와 거래 상대방은 거래 내용을 알고 있으며 자신의 돈을 걸고 있다."

이를 '이해관계'의 원칙이라고 할 수 있는데, 개인의 위험을 완화하는 것은 물론, 시스템상의 위험을 제거하는 바탕이 된다.

• 헤수스 우에르타
데 소토

"부유한 나라에는 기업가적 관점에서 현명하게 투자된 광범위한 자본재가 있다. 이 사실이 부유한 사회와 가난한 사회의 본질적인 차이를 만든다. 이러한 자본재는 기계, 공구, 컴퓨터, 건물, 반제품, 소프트웨어 등으로 구성되며, 국민의 저축 덕분에 존재한다. 다시 말해 상대적으로 부유한 사회는 자본재의 형태로 축적된 시간이 더 많고, 그것이 훨씬 더 가치 있는 목표의 달성을 앞당기기 때문에 더 많은 부를 소유한다."

자본 형성에서 비롯한 자원 배분은 정책 입안자들이 이를 간섭하지 않는 한 스스로 진행되는 시장의 기적이다. 생산적이고 기업가적인 국가는 장기간에 걸쳐 자본재를 축적한다. 기업가정신을 갖춘 생산적인 국가는 저축을 한다. 저축, 자본재, 투자는 부의 산물이자 그것을 지탱하는 근간이다.

• 헌터 루이스

"절약에 역설은 없다. 케인스는 틀렸다. 실직 위기에 처한 가족이 물건을 팔아치우는 것은 현명한 일이다. 과소비와 과다 차입을 해온 사회가 저축을 시작하는 것도 현명하다. 경기 침체가 있든 없든 이것은 올바르다."

케인스주의가 '절약'을 문제 삼으면서도 단죄되지 않는

다는 사실이 악순환의 지속으로 이어진다. 저축과 절약이라는 개인의 도덕은 마땅히 칭송해야 한다. 경기 침체기에 과도한 부채 때문에 지출이 더욱 줄어들면서 사회 전체에 더 타격을 줄 수는 있다. 그러나 경기 침체를 절약이 문제라고 탓하는 것은 도로에 위험이 있을 때 차가 방향을 틀었다고 비난하는 꼴이다. 이럴 때는 위험 요소를 제거하고 도로를 정비하는 것이 마땅하고, 차는 여전히 차가 갈 길을 가야 한다.

21장

노동 분업

• 애덤 스미스

"나는 가장들에게 이렇게 권하고 싶다. 구매하는 것보다 만드는 데 더 많은 비용이 드는 것을 굳이 집에서 만들지 말라. … 가족의 일을 신중하게 처리하는 것은 사회 전체에도 현명한 일이다."

이는 노동 분업이라는 개념에 대한 인류 역사상 가장 유명한 인용구일 것이다. … 이 심오한 메시지는 우리가 경제를 이해하는 데 있어 매우 중요하다. 가족 단위에서 시작하는 분업이라는 단순한 기본 개념으로부터 전문성이 복잡하게 파생된다. 그리고 이 복잡함이 그 어떤 것보다도 더 많은 번영과 부를 우리 사회에 창출했다.

• 유발 레빈

"노동 분업은 생산 효율성과 품질을 끌어올렸다. 제조 공정을 전문화된 과정으로 세분화하면 시간과 노력이 크게 절약되며, 그 결과 전문성은 더욱 향상된다. 얕고 넓은 지식에서 전문 지식을 지니게 된 사람들은 이를 팔거나 다른 이의 전문 지식과 교환한다. 이 방식으로 전 과정이 전문가의 손에 이루어지면서 더 나은 결과를 낼 수 있고, 거래자는 자신의 기량과 제품을 더욱 향상시키고자 하는 동기를 얻는다."

레빈은 노동 분업에서 '1+1=3'이 되는 이유를 명료하게 설명한다. 노동에는 동기 부여가 중요한데, 전문성이 확보된 제품이나 서비스를 공급하는 사람은 자신의 전문성을 지속적으로 개선해 가치를 높이고자 하는 동기를 얻는다. 이는 곧 일터에서 선순환을 만든다. 만약 모두가 동일한 양으로 기여하는 환경이라면 차별화를 꾀할 수도, 만족스러운 결과를 얻을 수도 없다. 그 과정에서 탁월함과 창의성도 빛을 잃는다.

• 러스 로버츠

"모두의 전문화는 번영의 원인이자 결과이며, 현대 경제를 최저 수준 이상으로 이끌어간다. 아무리 재능 있고, 숙련되고, 강하고 똑똑하다 할지라도, 작은 집단이 지속적으로 현대적인 부를 누리기는 힘들다."

여기서 흥미로운 점은 노동 분업과 전문화가 의심할 여지없이 진보로 이어진다는 것뿐만 아니라, 그것들 없이는 진보의 지속이 불가능하다는 점이다. 많은 사람들이 각자의 자리에서 기술, 소명, 능력을 발휘하기 때문에 크고 복잡한 세계는 놀라울 정도로 생산적으로 변해왔다.

• 루트비히 폰 미제스

"인간 사회의 기원과 발달, 그리고 그 결과인 문화와 문명의 발전은, 고립된 상태에서 일하기보다, 여럿이 분업하는 편이 더 생산적이기 때문에 가능한 것이었다."

노동 분업은 인류 역사의 일정 지점마다, 그리고 삶의 질에 중요하고 현저한 진보가 이루어질 때마다 어떤 형태로든 작용했다.

• 이마누엘 칸트

"모든 거래, 예술, 그리고 작품은 분업으로 얻은 것이다. 분업은 한 사람이 모든 것을 하는 대신, 각자가 더 쉽고 가장 완벽한 방식으로 작업할 수 있도록 개인의 능력을 특정한 일에만 한정하는 것을 말한다. 서로 다른 종류로 일을 나누어 맡지 않고 모두가 모든 일을 해야 하는 곳은, 제조업자에게는 험한 야생이나 마찬가지다."

동일성은 창의성과 생산성의 적이다. 그와 반대 개념인 다양성은 구분, 전문화, 차별화, 고유한 창의성, 집중된 재능 및 기술을 의미한다. 다양성의 이 모든 특질이 분업 없는 상태가 불러오는 진부함에 대항하여 향상된 결과를 만들어낸다.

• 루트비히 폰
미제스

"개인의 고립된 행동을 협동으로 대체하면, 상황은 곧바로 눈에 띄게 개선된다. 평화적 협력과 노동 분업에서 파생되는 이점은 광범위하다."

오스트리아의 이 위대한 경제학자는 공동의 목표를 향해 협력하는 곳에는 어디든 평화가 깃든다는 것과, 각 개인의 기여도는 다를지라도, 모두가 최종 목표에 이르는 데 매우 중요하다는 것을 강조한다. 협력과 분업으로 일의 과정이 개선되고, 이로써 노동자와 소비자가 얻는 이득은 전부, 자유 기업 체제가 만드는 막대한 이로움의 토대가 된다.

"완전히 자유로운 상업 체제에서, 각 국가는 가장 이익이 되는 사업에 자본과 노동력을 투입하기 마련이다. 이러한 이익 추구는 전체의 보편적 이익과 훌륭하게 연결되어 산업을 자극하고, 독창성을 보상하며, 자연이 부여한 독특한 힘을 가장 효과적으로 사용하게 한다. 노동을 가장 효과적이고 경제적으로 분배하며, 전반적인 생산량을 증가시켜 전체의 이익을 확대한다. 그 결과는 공동의 이익과 교류에 근거한 사회의 보편적인 문명화다."

이는 자유무역의 핵심 개념이다. 자유로운 사회에 존재하는 재능의 다양성은 세계적인 취향, 경험, 기술, 독창성을 고려할 때 더욱 확장된다. 국가 간 노동 분업은 이를 활용해 자유 기업 체제의 이익을 확대할 수 있었다.

물론 국경을 초월한 노동력의 분배가 국내에 이익이 된다는 견해를 비판하는 시각도 있다. 시장 메커니즘으로 쉽게 풀리지 않는, 문화 공유의 가치에 의문이 제기되기도 한다. 이 지점에서 단순한 진리임에도 이유 없이 무시당하는 자유롭고 도덕적인 사회에 대한 믿음을 호소한다. 자유로운 교환이나 노동 분업을 악용해, 기업이 악덕 행위자들과의 거래를 강요할 거라는 걱정은 터무니없다. 양심의 실패는 시장 경제의 실패가 아니다. 그것은 단순히 악한 행위자 개인의 실패일 뿐이다.

22장

미덕과 규율

• 유발 레빈

"지금의 자본주의 시대는 규율의 시대가 아니다. 그와는 거리가 멀다. 무한한 식욕에 사로잡힌 우리의 주요한 공중 보건 문제는 비만이다. 또한 이 시대의 가장 중요한 사회적 병리는 성적 제약도, 개인의 책임도 없음에서 비롯된다. 대중문화에는 쾌락과 속물적인 저속함이 뒤섞여 있고, 너 나 할 것 없이 미래의 동물적인 욕구를 탐한다. 우리는 필요 이상으로 사용하고, 가진 것보다 더 많이 소비하며, 갚을 수 있는 것보다 더 많이 빌린다. 모든 걸 가졌으면서도 더 넘치게 살기 원한다. 사실 규율 외에는 아무것도 부족하지 않다고 말하는 것이 타당해 보인다."

시장이 풍요롭다고 해서 욕구가 억제되지는 않는다. 인

간을 번성하게 하는 정직, 규율, 인내, 겸손, 그리고 만족을 유예할 수 있는 자제력 등이 없으면 인간의 번영은 축소될 것이다. 자유 기업 체제가 인격까지 보장할 수는 없다. 반대로 좋은 인성은 자유 기업에서 우리의 노력을 촉진하고 기업으로부터 보상을 받는다. 자유의 부족이 인격의 추구를 약화하듯, 인격의 부족은 자유 경제에서 우리의 노력을 약화시킨다. 결국 자유로우면서도 도덕적인 사회가 우리가 추구해야 할 목표이다.

• 러스 로버츠

"정직과 신뢰는 훌륭한 문화를 유지하고 확장하는 데 도움이 된다. 우리는 우리보다 훨씬 더 큰 규범과 비공식적인 규칙 체계의 일부이다. 우리는 미덕을 행하며 그 체계가 유지되도록 돕는다. … 누군가의 신뢰에 보답하거나 무언가에 노력을 기울일 때마다 우리는 다른 사람들도 같은 행동을 하도록 격려하는 것이다."

도덕적인 행동에는 전염성이 있다. 그래서 다른 사람들에게 모범이 되고, 문명을 가능케 하는 규범을 강화하는 데 도움을 준다.

"독립성, 자립성, 위험을 감수하려는 의지, 다수에 반하여 자신의 신념을 견지하는 태도, 이웃과 협력하려는 노력 등 지금은 다소 희미해져가는 미덕이 개인주의 사회의 본질이다. 집단주의에서는 그러한 미덕을 발휘할 일이 없으며, 그 빈자리는 복종 요구와 공동의 이익 강요가 채운다."

자유롭고 도덕적인 사회를 향한 비전은 집단주의를 거부하고 희망, 기대, 비전을 현실화할 수 있는 개인의 미덕에 의존한다. 자치, 용기, 책임감이 바로 그런 것들이다.

"자본주의는 지성, 출생, 자격 또는 이상의 우월성을 주장하면서 남에게 베풀지 않고 취하기만 하는 이들, 위험을 감수하지 않고 편하게 얻는 이들, 희생하지 않고 이익만 원하는 이들, 타인에게 겸손하지 않고 우쭐대고 싶어 하는 이들에게는 좌절과 거부감만 줄 뿐이다."

경청은 기업가의 능력을 향상시킨다. 공감은 자유로운 사업을 통해 보상받고, 냉담은 비난받는다. 이러한 규율은 겸손에서 시작하여 자유롭고 도덕적인 사회의 선순환에 기여한다.

• 유발 레빈

"성장의 경제학과 절제의 윤리는 어색한 조화를 이루며, 시장의 신호만으로는 그 격차를 해소하기에 충분치 않다. 자본주의가 그 자체로 균형을 제공하는 충분한 도덕적 권위를 행사한다고 가정하는 것은 오산이다. 그러한 권위는 시장을 넘어선 더 전통적인, 도덕적이고 문화적인 기관으로부터 나와야 한다. 자본주의에 얽힌 이야기는 그러므로 가족, 종교, 전통에 관한 이야기이기도 하다. 민주적 자본주의는 이러한 기관들의 강점과 시장의 힘을 완벽하게 결합한다."

오늘날 많은 자유 기업의 옹호자들이 주장하는 방식에서 안타까운 점은, 시장 활동에서 자제력과 미덕을 발휘하는 데 필요한 기관들을 의도적으로 배제하는 것이다. 든든한 가정, 믿음직한 교회, 활발한 시민 생활은 시장 경제를 위한 선택과목이 아니다. 이러한 중재 기관의 약화는 성장, 번영 및 시장의 역량 약화를 의미한다. 루소의 집단주의는 인간 존엄성의 큰 적이기 때문에 어떤 시장 옹호자도 집단주의자가 될 수 없다. 시장 옹호자는 또한 급진적인 개인주의자도 아니다. 오히려, 우리의 개인주의는 가족, 교회, 시민 사회라는 중재 기관에 높은 가치를 두는 것이어야 한다.

"온건의 미덕은 시장에서도 장려되지만 궁극적으로는 더 깊은 우물, 즉 전통적인 지혜, 가족의 결속, 그리고 신비로운 사랑의 줄다리기에서 퍼 올려야 하는 것이다. 이를 더욱 지지하고 강화하는 것이 오늘날 자본주의가 직면한 가장 벅찬 도전일 것이다."

"우리의 목적은 좋은 삶의 방식을 강화하여 수십억 빈곤 인구를 해소하고, 세상을 개선한 사회 및 경제 시스템을 옹호하며, 사회민주적 쇠퇴로 이어지는 탈선을 피하는 것이다. ⋯ 우리는 도덕적 질서 속에서 개인의 자유, 동정심, 규율에 의해 유지되는 번영을 논의한다. 이는 자유주의 사회를 위한 보수적인 주장이라는 다소 모순적인 혼합물로, 현대 미국에서 필수적인 부분이기도 하다."

레빈이 말하는 '더 깊은 우물'은 자유주의 사회의 필수 요소이다. 세속적인 지혜는 지식의 시작이 신을 경외하는 것임을 이해하지 못했다. 마찬가지로, 세속적인 시장 경제학자들은 시장 경제의 위대한 목표가 모든 사랑의 기초인 자유와 직결되어야만 지속 가능하다는 것을 인식하지 못한다.

• 러스 로버츠

"문명의 중요한 특징 중 하나는 신뢰다. 상대방을 믿을 수 있을 때, 당신의 신뢰가 다른 사람의 이익에 이용될 것을 두려워할 필요가 없을 때, 삶이 더 풍요롭고 경제 생활은 편안해진다. 신뢰는 어떻게 만들어지는가? 약속을 지키고 기회주의를 거부하면서 무수히 많은 사소한 상호작용을 하는 과정에서 신뢰가 생긴다."

자유롭고 도덕적인 사회의 가장 좋은 선순환을 보여주는 말이다. 시장의 상호작용은 신뢰할 수 있는 거래로부터 파생될 때 더 많이, 더 자주 이루어진다. 더 큰 신뢰에서 더 큰 교환 및 부가 생겨난다. 서로에게 잘하면 서로에게 더 큰 도움이 된다.

• 빅토르 클라르

"노동은 지구 끝까지 뻗어나가는 공동체의 육체적, 심리적, 예술적, 종교적 필요를 제공한다. 우리는 노동을 통해 다른 사람의 요구를 충족해 주는 풍요를 창조한다."

노동보다 더 개인적인 미덕을 기르거나 인류에 봉사하는 행동 양식을 나는 본 적이 없다. 우리는 일에서 목적을 찾을 수 있다. 내면의 가장 이기적인 욕구, 즉 개인 시간의 활용, 목표의 달성, 능력의 입증 등을 충족할 수 있으면서, 동시에 가장 이기적

이지 않은 목표인 타인에 대한 봉사까지 달성할 수 있다. 행동 양
식으로서 노동은 경제의 필수품이다.

결론

　책을 구상하면서 나는 다분히 의도적으로 각 장의 주제를 선정했음을 밝힌다.

　이 책은 경제학을 제대로 이해하고자 하는 이들이 목적으로 삼는 **인간 번영**이라는 주제로 시작한다.

　그 뒤를 잇는 주제로 **인간 행동**을 택한 것은 인간이 경제 활동의 기초라는 현실을 경제학자들이 보지 못하면 자신의 분야를 제대로 이해할 수 없다고 믿기 때문이다. 그들이 무언가를 우연히 찾아내거나 바로잡는 경우도 있지만, 우선은 '가계 단위 자원 관리'의 핵심인 인간의 행동이 모든 경제 활동의 기반이라는 것을 깨달아야 한다.

　탐욕과 계급 선망에 대해 이야기하기 시작할 때 우리가 비로소 경제학의 정신적 본질을 인정한다고 말할 수 있다. 계급 선망은 경제 이론으로 굉장히 자주 인용되는데, 이를 유발하는 정신적 기제를 이해함으로써 적어도 사람들의 특정한 생각이 어디에서 파생되는지를 있는 그대로 이해하게 될 것이다.

지식 문제는 단어가 주는 느낌처럼 난해하거나 철학적이지 않다. 알고 보면 많은 분야에 깊이 적용할 수 있는 관찰이라고 보는 편이 옳겠다. 다만, 많은 이들이 현대 경제학에 지식 문제가 있다는 점에 동의는 하면서도 막상 현실에 닥쳤을 때는 그 적용에 문제가 있다는 것을 잊어버린다. 나는 이 부분을 납득할 수 없다.

가격 발견을 모호한 개념으로 남기지 않으려면 가격 메커니즘의 모든 것을 이해해야 한다. 그러고 나면 오늘날 끊임없이 목격되는 가격 왜곡의 시도에 맞서 가격 발견을 강력히 옹호하는 길로 나아가게 될 것이다.

만약 우리가 **사익 추구**를 위해 일하는 것이 악하다고 가르친다면 어떨까? 우리는 문명을 망칠 것이다. 그렇다고 해서 사리사욕만이 경제학의 전부라고 가르치는 것 역시 문명을 망치는 일임을 알아야 한다.

정부 지출과 부채가 현시대의 주요 이슈로 대두된 데에는 그럴 만한 이유가 있다. 그러나 부채의 경제적 역학을 이해하기 위해서는 정부 규모의 경제적 영향을 먼저 이해해야 한다. 정부의 규모가 국민의 자치와 반비례한다면, **미덕과 규율**이 우리 연구에 있어서 왜 그렇게 중요한지까지 미루어 이해할 수 있을 것이다.

자유무역을 지키려는 사람들은 **정실 자본주의**를 비판한다. 자유무역에 대한 믿음은 노동의 가격을 포함한 가격 설정의 자유로 이어진다. **최저임금**법은 경제 이론의 사회적 적용에 불과하고, 그 기초는 자유 교환과 가격 발견이라는 주제에 있다.

경기 순환이 가져오는 불황을 무력화하는 도구로 통화 정책을 사용할 수 있다는 믿음이 수많은 정책 문제를 부른다. 여기에 **창조적 파괴**에 대한 저항에서 오는 경제적 오류가 압도적으로 더해진다. 이러한 문제를 파악하게 되면, 다른 주제들도 경제 문제와 어떤 연관을 맺고 있는지 알 수 있을 것이다.

인센티브는 인간의 행동에 내포되어 있다. 지식 문제와 마찬가지로, 경제학자들은 인센티브가 중요하다는 것을 알면서도 그 중요성을 저버리는 정책을 옹호하곤 한다. 인센티브를 고려하지 않은 **과세** 정책의 수립은 보행자를 고려하지 않고 자동차 법규를 정하는 것과 같음을 기억했으면 한다.

신용과 건전한 통화는 많은 사람이 어려워하는 복잡한 주제다. 여기에도 숙달할 수 있는 핵심 원칙이 있지만 너무나 많은 이들이 잘못되거나 불완전한 것을 믿어버린다. 그들은 불완전한 이해로부터 정교한 믿음을 형성한다. 나는 비록 이 주제에서 나오는 모든 질문들을 풀어낼 수는 없어도, 책에서 우선 그 주제만이라도 다뤄지길 원했다. 그렇게 해서 탄탄한 토대를 쌓는다면 통화 이론을 일관성 있게 발전시킬 수 있지만, 반대의 경우에는 사회에 심각한 해를 끼치는 경제 관행으로 이어질 것이다.

우리는 사회 조직에 대한 견해에서 **정치권력**에 대한 견해를 도출한다. 정치는 더 넓은 주제의 한 부분집합에 불과하지만, **사유재산**을 비롯한 모든 경제 생활에 지대한 영향을 미친다. **사회주의**는 사회 협력에 대한 헛된 믿음에서 비롯되었기 때문에 위험한 정치 체제이다. 위대한 경제 거장들은 **사회 조직**은 경제 체제의 구조로부터 만들어지지 그 반대가 아니라는 것을 항상 주장해왔다.

나는《책임의 위기Crisis of Responsibility》라는 제목으로 첫 책을 냈다. **개인의 책임**이라는 주제는 나에게 모든 것을 의미하기 때문이다. 책임은 건전한 경제의 연료이며, 그것의 부재는 경제를 엉망으로 만든다. 책임에 대한 불충분한 관점과 위험한 경제 사상은 서로에게 자양분을 공급하면서 대혼란을 일으킨다.

만약 **자본의 분배**가 경제학의 모든 것이라 해도 나는 여전히 경제학을 사랑할 것이다. 최적의 자본 분배를 효율적으로 해내면 인간의 번영에 선순환을 만들 수 있다는 사실이 언제나 나를 가슴 뛰게 한다. 그것은 보상을 창출하고, 그 보상은 자본을 더 효과적으로 배분한다.

효율적인 자본 배분과 마찬가지로, 노동의 최적화와 전문화는 선순환을 만들어갈 것이다. **노동 분업**은 경제학의 본질은 아니지만, 훌륭한 도구이다.

경제학의 모든 기본 요소와 응용 연구를 마치면, 우리는 다시 그 모든 것의 목적으로 돌아가 인간 번영이라는 대의를 생각해 보게 된다.

나의 희망과 기도는 당신의 경제학 연구가 그 목표를 가장 충실히 추구하는 아이디어와 적용의 장으로 당신을 이끄는 것이다. 물론 이 책에서 내가 다룬 주제들을 잘 이해했다고 해서 경제의 모든 것을 포괄적이고 체계적으로 깨달을 수 있다는 보장은 감히 하지 않겠다. 우리는 수학, 과학, 철학, 사회학을 더 공부해야 한다.

하지만 나는 이 책의 주제들을 파악한 사람이라면 적어도 인간의 번영이라는 대의는 터득할 수 있을 것이라고 믿는다. 그 대의를 옹호하는 데 필요한 '제일 원칙'을 제공하는 것이 이 책의 목적이다.

만약 당신이 체계적인 경제학의 세계로 더 깊이 들어가고 싶다면, 나의 다음 책에서 원하는 바를 이루기 바란다.

하지만 그 전에 내가 이 책에서 정리한 주제들을 통해 제일 원칙을 터득한다면, 당신은 이미 인류의 번영을 옹호할 준비가 된 셈이다.

그리고 이러한 준비를 마치면, 당신은 다른 현대 경제학자들보다 훨씬 앞설 수 있을 것이다.

감사의 말

사랑하는 아내 졸린Joleen의 희생과 은혜로운 지원이 없었다면 이 책은 세상에 나오지 못했을 것이다. 경제가 인간의 행동이라면, 졸린이 내게 한 일은 나의 인생에서 가장 중요한 경제적 공헌이었다. 나는 그녀의 도움으로 일에서 성공하고, 꿈을 실현했다. 내 인생의 사랑, 졸린의 희생과 지원에 매일 감사하는 마음이다.

이 책을 헌정하는 내 친구 에릭 발머Eric Balmer와 에런 브래드퍼드Aaron Bradford를 비롯해 평생의 지적 탐구를 함께해준 친구들에게도 무한한 감사를 표한다. 루이스 가르시아Luis Garcia, 앤드루 샌들린Andrew Sandlin, 브라이언 맷슨Brian Mattson, 제프리 벤트렐라Jeffery Ventrella, 데이비드 오닐David O'neil, 키스 칼슨Keith Carlson, 스콧 보Scott Baugh, 마이클 매클렐런Michael McClellan, 폴 머피Paul Murphy, 윌 스와임Will Swaim, 팀 부시Tim Busch, 그리고 일일이 열거할 수 없는 많은 친구들. 나는 이들을 무엇보다 친구로서 소중히 여기지만, 여기서는 특별히 이 책이 나오기까지 여정에 동반해 준 것에 대해 한 번 더 인사하고 싶다. 또 한 사람, 브라이언 해링턴Brian Harrington, 날마다 그리운 마음을 전한다.

동기 부여와 정보, 영감과 모범으로 나의 모든 날을 가득 채워 준 이들에게 감사드린다. 이 책에 인용한 많은 사람들이 이제는 세상에 없다 해도, 그들이 내게 준 크나큰 지적 영감을 나는 결코 당연하게 여기지 않을 것이다. 그들은 역사의 흐름을 바꾼 사람들이다. 특히 로버트 시리코Robert Sirico 신부님께 내 인생의 대의를 옹호해 주셔서 감사하다고 말하고 싶다. 그가 설립한 '액톤 인스티튜트Acton Institute' 역시 위대한 도덕적 행보에 참여하고 있다.

나는 여전히 역사의 중심에 서 있는 '내셔널 리뷰National Review'가 자본의 중요성을 받아들인 것에 감사하며, 조금 더 함께 선한 싸움을 해나가기를 기대한다. 또한 우리의 기업 여정에 동반하는 '반센 그룹The Bahnsen Group' 모든 가족에게 감사한다. 시장의 현실을 우리보다 더 잘 아는 이는 없을 거라는 자부심을 가지고 선을 행하는 여러분이 자랑스럽다.

퍼시피카 크리스천 고등학교의 이사회, 교직원과 행정팀, 과거부터 현재, 그리고 미래를 담당할 학생회 전체가 시장 경제의 은혜와 진실의 아름다움을 배우고 삶에서 실천하기를 기원한다.

나의 세 자녀인 미첼Mitchell, 새디Sadie, 그레이엄Graham이 인류의 방향을 극적으로 바꾼 자유 기업의 기적을 미래에도 굳게 지켜주기를 기도한다. 그리고 그들의 삶이 단순한 소비가 아니라 생산의 기회로 가득 차기를 희망한다.

마지막으로 창조주, 나에게 보살핌과 교육을 허락하고, 생산성을 기대하시는 신께 감사드린다. 나는 오늘의 내가 어제보다 더 성실하기를 바란다. 공허한 자만심을 채우기 위해서가 아니라, 그 속에서 내가 성장하고, 문명이 번성할 것이기 때문이다.

추천 도서*

《경제학의 교훈Economics in One Lesson》 - 헨리 해즐릿Henry Hazlitt

《국부론The Wealth of Nations》 - 애덤 스미스Adam Smith

《노예의 길The Road to Serfdom》 - F.A.하이에크Friedrich A. Hayek

《법The Law》 - 프레데리크 바스티아Frédéric Bastiat

《베이직 이코노믹스: 경제 커먼센스 가이드Basic Economics》 - 토머스 소웰Thomas Sowell

《부와 빈곤Wealth and Poverty》 - 조지 길더George Gilder

《선택할 자유Free to Choose》 - 밀턴 프리드먼Milton Friedman

《인간행동Human Action》 - 루트비히 폰 미제스Ludwig von Mises

《자본주의·사회주의·민주주의Capitalism, Socialism, and Democracy》 - 조지프 슘페터Joseph Schumpeter

《자본주의와 자유Capitalism and Freedom》 - 밀턴 프리드먼Milton Friedman

《지식인의 역할은 무엇인가Intellectuals and Society》 - 토머스 소웰Thomas Sowell

《치명적 자만The Fatal Conceit》 - F.A.하이에크Friedrich A. Hayek

《Bourgeois Equality: How Ideas, Not Capital or Institutions, Enriched the World》 - 디드러 매클로스키Deirdre McCloskey

《Defending the Free Market》 - 로버트 시리코Robert Sirico 신부

《Econoclasts》 - 브라이언 도미트로빅Brian Domitrovic

《Foundations of a Free & Virtuous Society》 - 딜런 파만Dylan Pahman

《Principles of Economics》 - 카를 멩거Carl Menger

《Race & Economics》 - 월터 윌리엄스Walter E. Williams

《The Commercial Society》 - 새뮤얼 그레그Samuel Gregg

* 국립중앙도서관에서 우리말 도서를 찾을 수 있는 경우, 해당 제목과 함께 적었습니다.

옮긴이 **박경준**

문학특기생으로 대학에 입학해 역사학을 전공한 후, 미국 유학길에 올라 대학원에서 신학 석사를 마치고 신학 박사를 수료했다. 현재는 작가이자 번역가로 독자를 만나고 있으며 《젊은 기업가의 탄생》을 우리말로 옮겼다.

공짜 점심은 없다

초판 1쇄 발행 2023년 4월 28일

지은이	데이비드 L. 반센
옮긴이	박경준
발행처	타임비즈
발행인	이길호
총 괄	이재용
편집인	이현은
편 집	최성수 · 황윤하 · 이호정 · 최예경
마케팅	이태훈 · 황주희 · 김미성
디자인	하남선
제 작	최현철 · 김진식 · 김진현 · 이난영

타임비즈는 ㈜타임교육C&P의 단행본 출판 브랜드입니다.

출판등록 2020년 7월 14일 제2020-000187호
주 소 서울특별시 강남구 봉은사로 442 75th AVENUE빌딩 7층
전 화 02-590-6997
팩 스 02-395-0251
전자우편 timebooks@t-ime.com

ISBN 979-11-92769-20-2 (03320)